제2판

항공여객 발권실무

TOPAS SellConnect

김병헌 · 송미선 공저

Fare & Ticketing for Airline Passengers

기문사
www.kimoonsa.co.kr

머리말

이제 항공여행은 특별한 그 무엇이 아닌 일상적인 생활이 되고 있다. KATA(여행업 협회) 집계에 의하면 우리나라에서 여행 사업을 하는 여행사 수는 15,000여 개 업체가 있으며, 국제 간의 여행 업무를 담당하는 여행사가 절대적인 비중을 차지하고 있다. 이러한 여행업체에서 항공예약을 전담하는 전문가와 항공운임 및 발권업무를 담당하는 전문가는 여행사의 중추적인 전문 인력이라 할 수 있다. 향후에도 항공여행인구의 증가에 의한 여행 산업의 성장은 보다 많은 전문 인력을 필요로 하게 될 것이다.

본서는 항공여행의 핵심 전문 인력인 항공여객 발권업무 담당자를 위한 기본적인 실무서로 기획되고 출간되었다. 항공사 발권(Ticketing)업무는 항공예약업무를 이해하고 숙련한 후에 담당하는 심화된 분야이다. 항공사 및 여행사에서 사용하는 여객업무시스템은 CRS(Computer Reservation System) 회사 내지 GDS(Global Distribution System) 회사에서 지원되고 있으며, 국내에서는 Global 1순위 GDS인 Amadeus와 제휴한 TOPAS가 이러한 서비스를 제공하는 대표적인 시스템이다.

본서는 전 세계 40%의 여행사가 사용 중이고 700여 개 항공사, 11만여 개의 호텔, 렌트카 등이 연결된 Amadeus 기반의 시스템으로 업그레이드된 토파스의 차세대 시스템인 TOPAS SellConnect를 이용한 항공운임실무를 다루었다.

발권을 위해서는 항공운임의 구조와 메커니즘에 대한 기본적인 이해가 선행되어야 하며, 항공여객지원 시스템을 활용할 수 있는 능력을 가져야 한다. 본서는 항공예약 업무 과정을 이수완료하고, 항공운임 및 발권업무를 학습하는 대학의 학부 학생이나 항공운임 및 발권에 대한 체계적인 학습을 희

망하는 업계 관계자를 위해 작성되었으며, 운임 및 발권 절차를 보다 쉽게 이해할 수 있도록 SellConnect 응답화면을 최대한 많이 반영하였다.

본서의 구성은 다음과 같다.

(1) 제1장 항공권 개요, 제2장 항공운임의 기초, 제3장 Fare System, 제4장 항공운임 산출, 제5장 자동운임의 산출, 제6장 항공운임의 적용, 제7장 항공권의 발행 등 모두 7장으로 구성하였다.

(2) 본서는 TOPAS SellConnect를 기반 시스템을 사용하여 학습하도록 구성되었다. TOPAS Manual의 상당 부문을 활용하여 설명을 도모하였으므로 항공사 및 여행사 실무 시스템에 쉽게 적응할 수 있게 하였다.

(3) 부록으로 항공여객 전문용어를 정리하여 소개하였다. 항공여객 전문용어는 항공 여행 산업계의 업무 수행을 위한 중요한 지식자료이다. IATA에서 규정한 정확한 용어의 의미를 이해할 수 있도록 주요한 내용을 발췌 정리하여 제공하였다.

본서에 대한 기획 과정에서 조력을 아끼지 않은 학계 선후배님, 항공사 전문가, CRS 관계자와 제작을 지원한 출판사 여러분께 감사드린다. 본서에 대한 학계 여러분의 조언과 학습자 여러분의 관심을 토대로 차후 더욱 나은 교재가 되도록 노력할 예정임을 첨언한다.

2019년 2월

저자 일동

- 차 례 -

제7장 항공권의 발행 • 199

항공여객발권실무

Fare & **Ticketing** for Airline Passengers

제1장

항공권 개요

1. 항공권이란?
   1) 항공권의 개념
   2) Database상의 E-Ticket Image
   3) 구매확인증(The Itinerary & Recipt)
2. EMD(Electronic Miscellaneous Doucument)란?
3. BSP 제도(Billing and Settlement Plan)
   1) BSP 여행사(IATA 여행사)
   2) BSP 항공권(Billing and Settlement Plan Ticket)

제1장

항공권 개요

1 항공권이란?

1) 항공권의 개념

여행자 및 항공사 간에 성립된 계약내용을 표시하고 항공사의 운송약관 및 기타 약정에 의해 여객 운송이 이루어짐을 표시하는 증서이다. 과거에는 유가증권 형태의 종이로 된 항공권을 사용하였으나 2008년부터 모든 항공사에서 전자항공권(Electronic Ticket), 즉 E-Ticket을 사용하고 있다.

E-Ticket은 전자항공권 Database에 항공권 발행내역이 저장되어 항공권의 사용, 환불, 재발행 등을 전산으로 조회 처리할 수 있는 항공권이며, 실물 항공권 대신 구매확인증(The Itinerary & Recipt)을 발행한다. 이로써 항공사를 이용하는 승객은 항공권을 분실할 염려가 없어졌으며, 항공사는 1장당 10$이 소요되던 비용에 비해 전자항공권은 장당 1$로 전 세계 항공업계에 연간 30억$ 정도의 비용절감 효과를 가져왔다. 또한 여행사는 종이티켓을 관리하는 번거로움이 없어지고 티켓인쇄기 구입비 및 유지보수비가 절감되는 효과를 보게 되었다.

항공권은 항공권상의 Passenger Name에 기재된 사람의 소유이며 타인에게 양도가 불가하며 항공권상의 모든 권한은 명기된 승객이 보유한다.

2) Database상의 E-Ticket Image

항공사 컴퓨터 시스템에 항공권을 저장하여 필요 시 전산으로 조회하고 변경 처리할 수 있다.

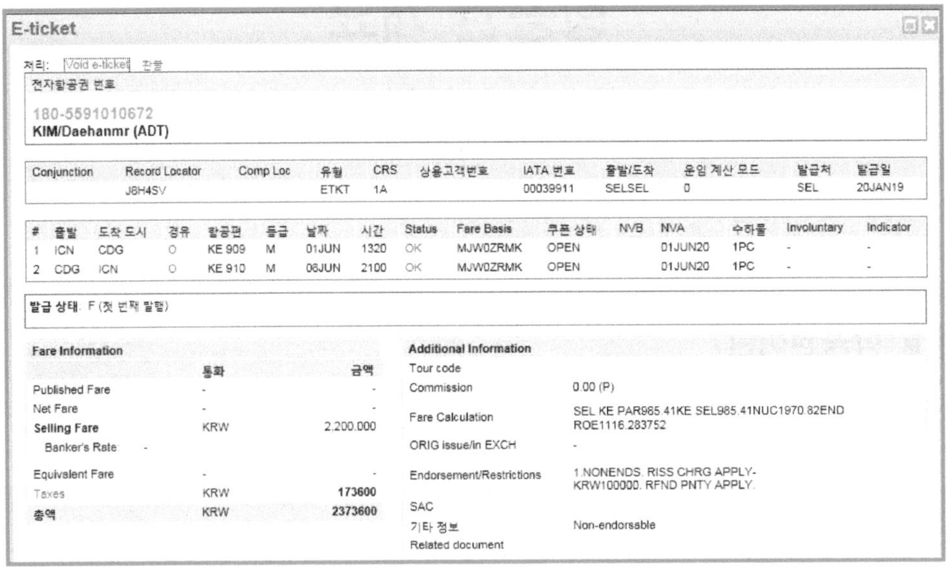
E-ticket

처리: Void e-ticket 환불

전자항공권 번호

180-5591010672

KIM/Daehanmr (ADT)

Conjunction	Record Locator	Comp Loc	유형	CRS	상용고객번호	IATA 번호	출발/도착	운임 계산 모드	발급처	발급일
	J8H4SV		ETKT	1A		00039911	SELSEL	0	SEL	20JAN19

#	출발	도착 도시	경유	항공편	등급	날짜	시간	Status	Fare Basis	쿠폰 상태	NVB	NVA	수하물	Involuntary	Indicator
1	ICN	CDG	O	KE 909	M	01JUN	1320	OK	MJW0ZRMK	OPEN		01JUN20	1PC	-	-
2	CDG	ICN	O	KE 910	M	06JUN	2100	OK	MJW0ZRMK	OPEN		01JUN20	1PC	-	-

발급 상태: F (첫 번째 발행)

Fare Information

	통화	금액
Published Fare	-	-
Net Fare	-	-
Selling Fare	KRW	2,200,000
Banker's Rate: -		
Equivalent Fare	-	-
Taxes	KRW	**173600**
총액	KRW	**2373600**

Additional Information

Tour code	
Commission	0.00 (P)
Fare Calculation	SEL KE PAR985.41KE SEL985.41NUC1970.82END ROE1116.283752
ORIG issue/in EXCH	-
Endorsement/Restrictions	1.NONENDS. RISS CHRG APPLY-KRW100000. RFND PNTY APPLY.
SAC	
기타 정보	Non-endorssble
Related document	

3) 구매확인증(The Itinerary & Recipt)

항공권의 세부내역과 관련 규정, 법적 고지문 등을 안내하는 증표로 발권 후 승객의 이메일로 발송된다.

KOREAN AIR e-티켓 확인증 e-Ticket Itinerary & Receipt

1456 / 20JAN19

승객성명 Passenger Name	항공권번호 Ticket Number	예약번호 Booking Reference
LEE/SEUNGHUN MR	**1802326357787**	**53718072** (NZ9VU9)

여정 Itinerary

출발 From	도착 To	편명 Flight
ICN **서울/인천(Incheon)** **26JAN19(土) 20:50** (Local Time) Terminal No : 2	**KIX** **오사카(Kansai)** **26JAN19(土) 22:40** (Local Time) Terminal No : 1	**KE 721** Operated by KE KOREAN AIR

대한항공은 인천공항 제 2 여객터미널에서 운항합니다.

예약등급 Class : X (일반석)	예약상태 Status : SA (미확정)	좌석번호 Seat number :
운임 Fare Basis : YIDZS2R2/ZEA	수하물 Baggage : **1 Piece**	항공권 유효기간 Validity : 20JAN19-20APR19
기종 Aircraft Type : Boeing 737-900	비행시간 Flight Duration : 01H 50M	SKYPASS 마일리지 SKYPASS Miles : 0

출발 From	도착 To	편명 Flight
KIX **오사카(Kansai)** **28JAN19(월) 14:00** (Local Time) Terminal No : 1	**ICN** **서울/인천(Incheon)** **28JAN19(월) 15:55** (Local Time) Terminal No : 2	**KE 728** Operated by KE KOREAN AIR

예약등급 Class : X (일반석)	예약상태 Status : SA (미확정)	좌석번호 Seat number :
운임 Fare Basis : YIDZS2R2/ZEA	수하물 Baggage : **1 Piece**	항공권 유효기간 Validity : 20JAN19-20APR19
기종 Aircraft Type : Boeing 737-900	비행시간 Flight Duration : 01H 55M	SKYPASS 마일리지 SKYPASS Miles : 0

항공권 운임정보 Ticket Fare Information

운임 계산 Fare Calcuiation SEL KE OSA15.00KE SEL15.00NUC30.00END ROE1.000000

운임 Fare Amount	USD 30.00 (Paid Amount KRW 33,700)	구매일자 Ticket Issue Date	20JAN19
지불통화 Equivalent Fare Amount	KRW 33,700	구매장소 Ticket Issue Place	17395103
세금 Taxes	KRW 69,800	지불 수단 Form of Payment	CC CA************7967/****
유류할증료 Fuel Surcharge	-	연결 항공권 Companion Ticket No.	-
부가 서비스료 Service Fees	-	최초 발행 항공권 Original Ticket Number	-
합계 Total Amount	KRW 103,500 (Paid Amount KRW 103,500)	교환 항공권 Exchanged Ticket Number	-

* 세금 Taxes KRW 28000BP 10400TK 28200SW 3200OI

· **한국 출발 세금(BP)에는 국제여객공항이용료(인천/김포공항 17,000원, 기타 12,000원), 출국납부금 10,000원, 국제질병퇴치기금 1,000원이 포함되어 있습니다.**

수하물 규정 안내 Baggage Information

대한항공의 국제선 무료 위탁 수하물 허용량 안내

구분	개수	무게(개당)	사이즈 (가로+세로+높이)
일등석	3	32kg (70lb)	3면의 합이 158cm (62in) 이하
프레스티지석	2	32kg (70lb)	
일반석	1	23kg (50lb)	
	2 (* 미주 출도착)	23kg (50lb)	
	2 (* 단, 브라질 출도착)	32kg (70lb)	

· 국제선 유소아 무료 수하물 허용량
  - 소아 : 성인과 동일+접이식 유모차 1개+카시트(또는 요람) 1개
  - 유아 : 10kg(22lb) 이하이며 3면의 합이 115cm(45in) 이내인 수하물 1개+접이식 유모차 1개+카시트(또는 요람) 1개

· 개수/무게/사이즈 초과에 부과되는 요금은 수하물 각각에 부과됩니다.

· 항공사의 무료 위탁 수하물 허용량 및 초과 수하물 요금은 해당 항공사 홈페이지 통해서 확인 가능합니다.

· **타 항공사와 연결 시 적용 기준에 따라 타 항공사 규정이 적용 될 수 있습니다.**

· 일부 항공사 (공동운항편 포함)에서는 탑승수속 시 해당 항공사 정책에 따라 무료 수하물 허용량과는 별도로, 위탁 수하물에 대한 Handling Fee (수하물 취급수수료)를 징수하는 경우가 있으니, 자세한 사항은 해당 항공사로 확인하시기 바랍니다.

ⓘ 항공권 제한사항 안내 Ticket Restriction

항공권 유효기간	· 서울/인천 - 오사카 : 2019년 04월 20일 · 오사카 - 서울/인천 : 2019년 04월 20일 › 전체 미사용시, 항공권 최초 발행일로부터 1년 이내에 첫 구간 개시 및 변경이 필요합니다.(단, 운임 규정상 변경 허용 조건)
타항공사로 양도	· 본 항공권은 타 항공사로 양도 가능 하지만 정확한 안내는 발권처로 문의 바랍니다.
예약변경	· 운임/유효기간/예약등급/요일/편명등의 차이로 인한 차액이 발생될 수 있습니다.
재발행	· 운임/유효기간/예약등급/요일/편명등의 차이로 인한 차액이 발생될 수 있습니다.
마일리지	· 정확한 안내는 발권처로 문의 바랍니다. › 대한항공편 탑승 시, 예약 등급별 마일리지 적립률 P: 200%, F 165%, J 135%, C/D/I/R 125%, Z 100%, Y/W/B/M/S/H/E/K/L/U 100%, G 80%, Q/N/T 70%, 적립불가 A/O/X 및 50% 이상 할인된 항공권 (A: 보너스 혹은 적립불가 조건인 경우 적립 불가)
예약부도 위약금	› 항공편 출발 이전까지 예약취소 없이 탑승하지 않거나 탑승수속 후 탑승하지 않는 경우 예약부도위약금이 부과됩니다. (재발행수수료 또는 환불위약금은 별도 규정에 따라 적용됩니다.) · **지역별 적용 금액** [장거리 - 미주 /유럽 /중동 /대양주 /아프리카] : **KRW 120,000** [중거리 - 동남아 /서남아 /타슈켄트] : **KRW 70,000** [단거리 - 한국 /일본 /중국 /홍콩 /대만 /몽골 /블라디보스토크 /이르쿠츠크] : **KRW 50,000** · 출국장 입장 후 탑승을 취소하시는 경우 KRW 200,000 할증 부과됩니다. · 예약부도위약금은 출발지국에 따라 다르게 적용 될 수 있습니다.
환불	› 환불 위약금이 없는 경우에도 환불 수수료는 별도로 부과되며, 환불 수수료는 항공권 지불 통화에 따라 상이하오니 확인하여 주시기 바랍니다. 환불수수료 : KRW 30,000 / JPY 2,500 / CAD 35 / EUR 30 / IDR 430,000 / Other Currency : USD 30 · 환불 신청 기한은 항공권 유효기간 만료일로부터 30일 이내 입니다. · 항공권이 재발행된 경우 재발행 항공권 또는 최초 발행 항공권에 대한 위약금이 발생할 수 있습니다. · 환불은 항공권 명의인(미성년자의 경우 법정 대리인)의 신청을 기본으로 하며, 명의인 외 환불 시 필요서류는 대한항공 서비스센터나 지점 또는 발권한 대리점으로 문의하시기 바랍니다. · 미사용 세금의 경우 해당 세금 규정에 별도의 제약이 없을 경우 요청 시 환불 받으실 수 있습니다. · 홈페이지 구매 항공권은 나의 예약 페이지에서 환불 가능합니다.

자주 묻는 질문 Q&A

예약변경?
동일한 조건 (운임, 유효기간, 예약등급) 내 날짜 변경 및 편명 변경

지불수단변경?
구매 후 항공권의 결제 수단 변경은 불가합니다.

좌석승급 보너스 취소시?
좌석 승급 보너스의 환불 수수료는 출발 전 환불 접수 시점별로 부과됩니다. (환불 접수일 기준 2019년 1월 21일 부터)
[출발 91일 이전] 무료
[출발 90일 이내] 3,000마일
유효기간 이후 10,000 마일

재발행?
예약변경 이외의 항공사 변경, 구간 변경, 도중체류 변경, 유효기간 연장 등 기타 변경

항공권 변경시 비용?
항공권의 변경은 운임규정을 따릅니다. 변경이 가능한 항공권이라도 첫 구간을 변경(예약변경 포함 모든 변경)할 경우에는 변경일에 유효한 운임 및 요금(유류 할증료 포함)에 따라 재계산 후 재발행되어, 기존 운임 및 요금과의 차액 및 재발행 수수료가 발생할 수 있습니다. 기 징수된 재발행 수수료는 환불되지 않으며 적용된 운임 규정에 따라 여정 별로 부과될 수 있습니다. 재발행이 불가한 경우, 환불 위약금 또는 환불 수수료 공제 후 항공권 환불 및 신규 항공권을 구매하셔야 합니다. 일부 특별 운임으로의 재발행은 불가합니다.

유의사항 Notice

- 본 e-티켓 확인증과 함께 제공된 법적 고지문을 반드시 참고하여 주시기 바랍니다.
- e-티켓 확인증은 탑승수속시, 입출국/ 및 세관 통과시 제시하도록 요구될 수 있으므로 반드시 전 여행 기간 동안 소지하시기 바랍니다. e-티켓 확인증의 이름과 여권상의 이름은 반드시 일치해야 합니다.
- 항공사가 제공하는 운송 및 기타 서비스는 운송 약관에 준하며, 필요시 참조하실 수 있습니다. 이 약관은 발행 항공사를 통해 확인하실 수 있습니다.
- e-티켓 확인증은 e-티켓의 정보 등을 확인하기 위하여 제공되는 서면에 불과하고 소지인에게 당해 운송 관련 어떠한 법적 권리를 부여하지 않습니다.
- e-티켓 확인증을 임의로 위·변조할 경우 형법에 따라 처벌 받을 수 있으며 이로 인하여 대한항공 또는 정당한 e-티켓 소지자가 입은 손해를 배상하여야 합니다.

탑승수속 Check-In

- **대부분의 공항에서 탑승수속 마감시간은 해당 항공편 출발 40분 전(미주, 구주, 중동, 아프리카, 인도 출발편은 1시간 전)**으로 되어있으니, 해당 출발 예정시각 최소 2시간 전에는 공항에 도착하시기 바랍니다.
- 사전에 좌석을 배정받으신 고객께서는 항공기 출발 1시간 30분 전까지 (일등석 및 프레스티지석 이용 고객께서는 1시간 전까지) 탑승권을 발급 받으시기 바랍니다. 해당 시각까지 탑승권으로 교환하지 못하신 고객은 사전 배정된 좌석 번호가 본인에게 배정되지 않을 수도 있습니다.
- 대한민국 항공보안법 규정에 따라 탑승구에서 여권과 탑승권을 확인하고 있사오니 협조하여 주시기 바랍니다.
- 여행지 국가 입국에 필요한 출입국 규정을 사전에 확인하고 이에 필요한 여권, 비자 등의 여행 서류는 승객 책임하에 확인 및 준비되어야 합니다. 필요한 여행 서류가 구비되지 않는 경우 탑승수속이 불가할 수 있으며 이에 따르는 모든 손해 또는 비용은 여객운송약관에 의거 당사에서 책임을 부담하지 않음을 안내 드립니다.

공동운항 Codeshare Flight

- 운항 항공사에서 구입 시와 운임이 다를 수 있습니다.
- 운항 항공사의 수하물 규정이 적용될 수 있습니다.
- 공동운항편의 탑승 수속은 실제 운항하는 항공사의 터미널과 탑승수속 카운터를 이용하셔야 합니다. 운항 항공사 규정에 따라 탑승수속 마감시간이 다를 수 있으니 반드시 확인하시기 바랍니다.
  - 델타(DELTA)가 운항사이고 브라질 출발 항공편의 경우, 반드시 국제선 출발 45분 전까지 탑승구에 도착하시기 바랍니다.
- 공동운항편 제반 서비스는 양사간 협의 하에 제공되나 기본적으로 운항사 기준을 따릅니다. 일부 운항사에서는 무료 사전좌석배정, 유료 선호좌석구매, 아기바구니, 특별기내식, 스카이패스 우수회원 혜택, 웹/모바일/키오스크 체크인 등의 서비스가 제공되지 않을 수 있습니다.
- 운항 항공사의 자체 규정에 따라 만 15세 미만의 승객이 성인 보호자 없이 여행 시 탑승이 제한될 수 있으므로 반드시 해당 항공사로 확인하여 주시기 바랍니다.

운송제한품목 Not Allowed to Bring/ Restricted

- 위험물의 위탁 또는 기내반입이 불가합니다.(미국 출 도착편의 경우 위반시 미국 연방법에 따라 징역 5년과 $250,000 이상의 벌금이 부과될 수 있습니다.) 위험물에는 폭발물, 압축가스, 인화성 액체 및 고체, 산화제, 독극물, 부식성 물질 및 방사성 물질이 포함됩니다. (예시: 페인트, 라이터용 연료, 폭죽, 최루가스, 산소통, 방사성 의약품) 위탁 수하물 내 적은 양의 약품, 화장품과 흡연용 물품의 휴대는 예외가 될 수 있으며, 더 자세한 사항은 항공사로 문의하시기 바랍니다.
- 파손되기 쉬운 물품, 부패나 변질의 우려가 있는 물품, 화폐, 보석류, 귀금속류, 유가증권, 기타 귀중품 또는 중요한 견본이나 서류, 의약품 및 전자제품 (노트북, 카메라, 핸드폰, MP3등)은 수하물로 위탁이 불가하오니 직접 휴대 하시기 바랍니다. **휴대가 불가하여 상기 물품을 위탁하시는 경우, 저희 직원에게 문의하여 주십시오.** 책임 제한을 포함한 모든 수하물 관련사항은 당사 여객운송약관을 참고하여 주십시오.

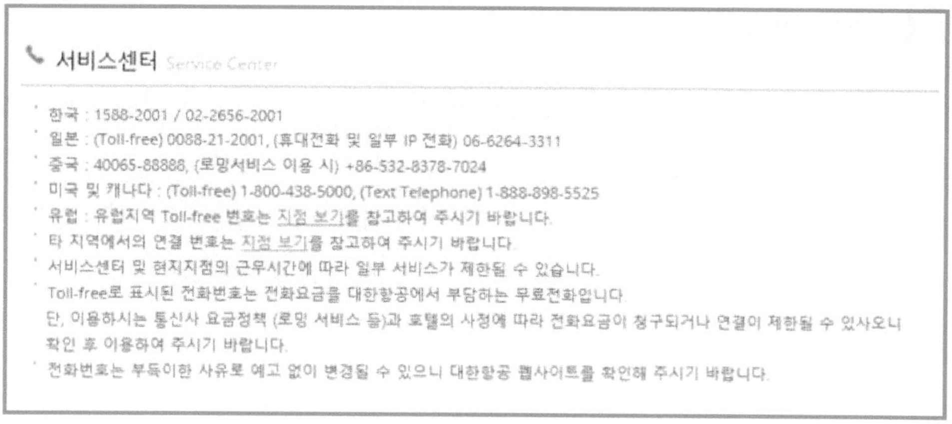

서비스센터 Service Center

- 한국 : 1588-2001 / 02-2656-2001
- 일본 : (Toll-free) 0088-21-2001, (휴대전화 및 일부 IP 전화) 06-6264-3311
- 중국 : 40065-88888, (로밍서비스 이용 시) +86-532-8378-7024
- 미국 및 캐나다 : (Toll-free) 1-800-438-5000, (Text Telephone) 1-888-898-5525
- 유럽 : 유럽지역 Toll-free 번호는 지점 보기를 참고하여 주시기 바랍니다.
- 타 지역에서의 연결 번호는 지점 보기를 참고하여 주시기 바랍니다.
- 서비스센터 및 현지지점의 근무시간에 따라 일부 서비스가 제한될 수 있습니다.
- Toll-free로 표시된 전화번호는 전화요금을 대한항공에서 부담하는 무료전화입니다
  단, 이용하시는 통신사 요금정책 (로밍 서비스 등)과 호텔의 사정에 따라 전화요금이 청구되거나 연결이 제한될 수 있사오니 확인 후 이용하여 주시기 바랍니다.
- 전화번호는 부득이한 사유로 예고 없이 변경될 수 있으니 대한항공 웹사이트를 확인해 주시기 바랍니다.

2 EMD(Electronic Miscellaneous Doucument)란?

승객의 항공 여행 중 부대서비스 요금 또는 초과수하물 요금 등을 부과하거나 운임 차액에 대한 환불 또는 재사용 목적으로 발행되는 증표이다.

서비스	서비스 내용
OBAG	Oversize charge of Exess Baggage(159~203cm)
OBAA	Overweight charge of Exess Baggage(24~32kg)
OBAB	Overweight charge of Exess Baggage(33~45kg)
PETC	Pet in cabin charge
AVIH	Pet in hold carge
ADCD	Additional Charge on TAX/Fare
PENF	Penalty Fee
SPEQ	Sporting Equipment

3 BSP 제도(Billing and Settlement Plan)

BSP 제도는 Billing and Settlement Plan의 약자로서 항공사와 여행사 간의 여객 운송 판매, 판매보고, 관리 등을 간소화하고 표준화한 업무절차이다.

과거 항공권 판매 및 매표대금 입금이 항공사와 여행사 간 개별적으로 이루어졌으나 현재는 BSP에서 발행한 통합 Invoice에 의거 정산은행을 통하여 일괄 정산함으로써 비용의 절감, 업무의 표준화, 효율화를 도모할 수 있게 되었다.

BSP 제도하에서 모든 여행사는 여객대리점 계약에 근거하여 모든 BSP 가입항공사에 대한 표준항공권을 발권할 수 있으며 BSP 항공사에 대한 판매내용을 전산처리센터에 정해진 기일 내에 보고해야 하는 의무를 동시에 가지게 된다.

1) BSP 여행사(IATA 여행사)

IATA사무국에서는 담보능력과 여행업경력, 발권 경력직원보유 등 일정 요건이 갖추어진 여행사에게 IATA 인가여행사(Approvel Agent)라는 명칭을 부여하고 BSP 제도를 이용하게 하며 이러한 여행사를 실무적으로 BSP 여행사 또는 IATA 여행사라고 부르기도 한다.

참고 ATR제도(Air Ticket Request)

여행업 중 담보능력 등 필요조건 부족으로 IATA 인가를 득하지 못해 항공권을 자체적으로 보유하지 못하고 승객으로부터 요청받은 항공권을 해당 항공사 카운터에서 구입하는 대리점제도이다.

2) BSP 항공권(Billing and Settlement Plan Ticket)

BSP 여행사용 항공권으로 사전에 설정된 대금결재 은행을 통해 일체의 항공사 정산업무가 이루어지는 항공권이다. BSP 항공권은 항공사명 및 항공사번호가 사전에 인쇄되어 있지 않으며 항공권 발행시점에 발행항공사의 항공권번호가 입력된다.

2

제2장

항공운임의 기초

1. 항공지리
   1) IATA의 지역 구분
   2) 지역별 주요국가
2. 방향지표(GI : Global Indicator)
   1) 방향지표 구분
   2) 방향지표 적용의 우선순위
   3) 방향지표 조회
   4) 방향지표에 따른 운임확인
3. 항공운임의 기본용어
4. 여정의 종류
   1) 편도 여정
   2) 왕복 여정
   3) 일주 여정
   4) 세계일주 여정
   5) 가위 벌린 여정
5. 운임의 설정
6. 항공운임의 적용
   1) 운임적용 방향의 중요성
   2) 운임적용방향의 원칙
   3) 여정형태와 운임의 적용
7. 통화 규정(Currency Regulation)
   1) NUC(중립통화단위) 제도
   2) ROE(교환율)
   3) 환산 공식
   4) 출발지국 통화 표기 시 끝자리 처리 방법
   5) 통화변환

제2장

항공운임의 기초

1 항공지리

항공운임 설정의 메커니즘 이해의 첫 단계로 IATA에 의한 지역 구분을 이해해야 한다. IATA는 항공운임 및 관련 규정의 합리적인 적용을 위해 세계를 3개의 지역(Area1, Area2, Area3)으로 구분하였다. 구분된 지역별 국가 항공당국 특히 항공사들이 지역별로 운송회의(Traffic Conference)를 운영하고 있으며 운송회의 구분에 따라 TC1, TC2, TC3 지역으로 호칭되기도 한다. 운송회의에서 관할지역내의 운임 및 제반 규정 등을 제정하고 출발국가의 승인을 받아 공시운임으로 사용하게 된다. Area는 다시 수개의 Sub Area로 나누어 항공운임의 계산과 규정 적용을 세부적으로 하고 있다.

1) IATA의 지역 구분

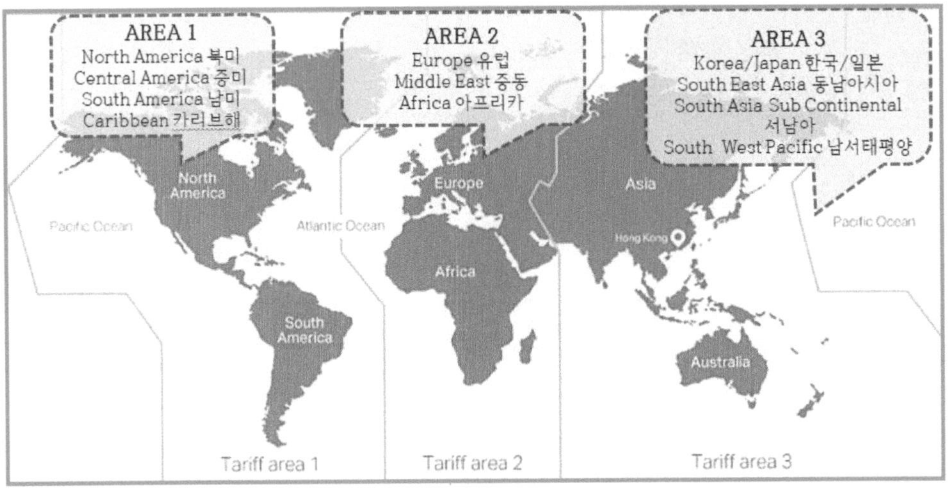

■IATA의 지역 구분

구분	AREA	SUB AREA	주요 국가명
서반구(WH) Western Hemisphere	AREA 1 (TC1)	북미(North America) 중미(Central America) 남미(South America) 카리브해 지역 (Caribbean Islands)	캐나다, 미국, 맥시코 과테말라, 혼두라스, 엘살바도르, 벨리즈 브라질, 아르헨티나, 칠레, 볼리비아, 우루과이 쿠바, 도미니카, 바하마
동반구(EH) Eastern Hemisphere	AREA 2 (TC2)	유럽(Europe) 아프리카(Africa) 중동(Middle East)	EU국가, 알제리 튀니지, 모로코 케냐, 나이지리아, 앙골라, 잠비아, 에티오피아 이란, 이라크, 두바이, 이집트, 요르단
	AREA 3 (TC3)	한국 / 일본(Korea / Japan) 동남아시아(South East Asia) 남아시아 지역(South Asian) 남서태평양(South West pacific)	한국, 일본 중국, 필리핀, 태국, 베트남, 인도네시아, 괌 인도, 네팔, 파키스탄, 방글라데시, 몰디브 호주, 뉴질랜드, 피지, 뉴칼레도니아

2) 지역별 주요국가

■AREA 1의 SUB AREA

가. 북미(North America)

Canada(CA)　　Mexico(MX)　　St.Pierre and Miquelon(PM)

U.S.A(Puerto Rico and the US Virgin Islands 포함)

나. 중미(Central America)

Belize(BZ)　　El Salvador(SV)　　Honduras(HN)

Costa Rica(CR)　　Nicaragua(NI)　　Guatemala(GT)

다. 남미(South America)Argentina(AR)

Ecuador(EC)	Peru(PE)	Bolivia(BO)	Suriname(SR)
French Guiana(GF)	Brazil(BR)	Guyana(GY)	Uruguay(UY)
Chile(CL)	Panama(PA)	Venezuela(VE)	
Colombia(CO)	Paraguay(PY)		

라. 카리브해지역(Carivvean Islands)

Bahamas(BS)	*Caribbean Islands	Guyana(GY)
Bermuda(BM)	French Guiana(GF)	Suriname(SR)

■AREA 2의 SUB AREA

가. 유럽(Eroupe)

Albania(AL)	Germany(GE)	Poland	Algeria(DZ)
Gibraltar	Portugal	Andorra(AD)	Greece
Romania	Armenia(AM)	Hungary	Austria(AT)
Russia in Europe	Iceland	San Marino	
Azerbaijan(AZ)	Ireland, Republic of Servia and Montenegro		
Belarus(BY)	Italy	(Formerly Yugoslaavia)	
Belgium(BE)	Latvia	Slovakia	Ukraine
United Kingdom	Slovenia	Netherlands	Bulgaria(BG)
Morocco	Tunisia	Estonia	Lithuania
Spain(Balearic & Canary Islands 포함)			Croatia(HR)
Luxembourg	Sweden Finland(FI)		Switzerland
Macedonia Fyrom	Czech Republic	Malta	Monaco
Denmark(DK)	Moldova, Rep.of	Turkey	

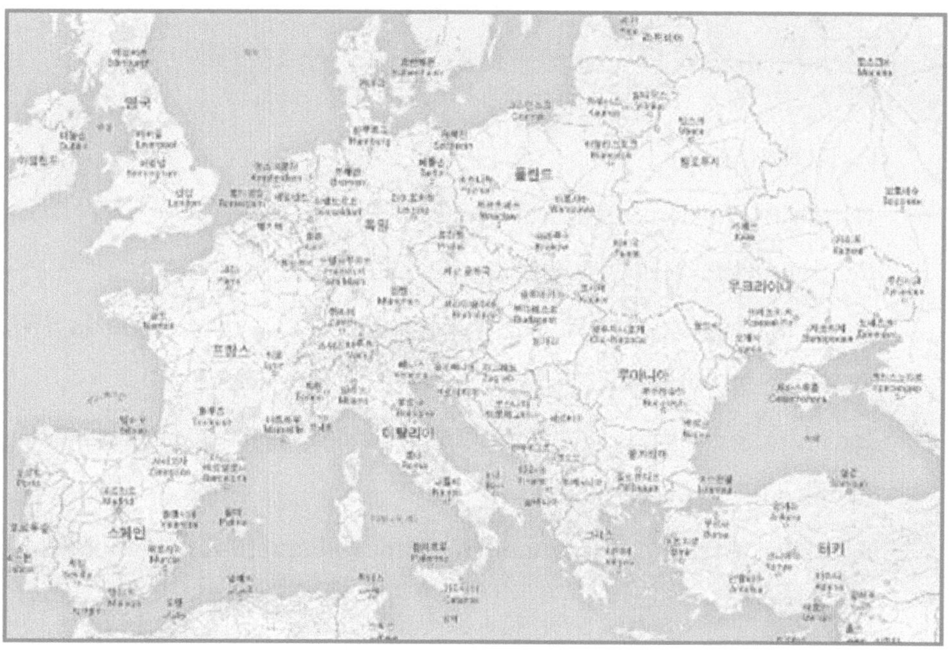

나. 중동(Middle East)

Bahrain(BH)	Kuwait(KW)	Egypt(EG)	Lebanon(LB)
Abu Dhabi	Dubai	Sudan(SD)	Iran(IR)
Qatar(OA)	raq(IQ)	Saudi Arabia(SA)	Israel(IL)
Yemen(YE)	Jordan(JO)	Syrian Arab Republic(SY)	

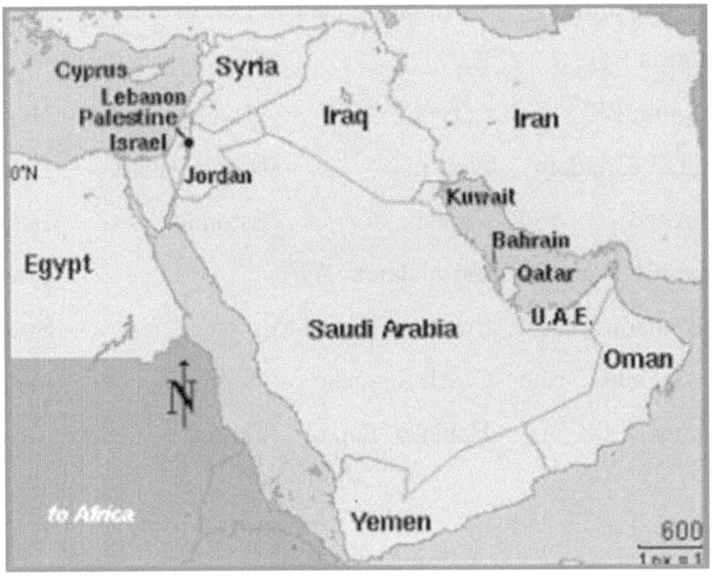

다. 아프리카(Africa)

-North Africa : Moroco, Algeria, Tunisia

-Central Africa : Malawi(MW), Zanmbia(ZM), Zimbabwe(ZW)

-Eastern Africa : Burundi(BI), Ethiopia(ET), Kenya(KE), Rwanda(RW), Somalia(SO), Tanzania(TZ), Uganda(UG)

-Indian Ocean Islands : Comoros(KM), Madagascar(MU), Mauritius(MU), Reunion(RE), seychelles(SC)

-Southern Africa : Botswana(BW), Mozambique(MZ), Namibia(NA), Swazilnad

-Western Africa : Angola(AD), Cameroon(CM), Central African Republic(CF), Congo(CG), Cote D' lvore(Cl), Gavon(GA), Gambia(GM), Ghana(GH), Guinea(GN), Livera(LR), Mali(ML), Togo(TG), Mauritania(MR), Niger(NE), Nigeria(NG), Senegal(SN)

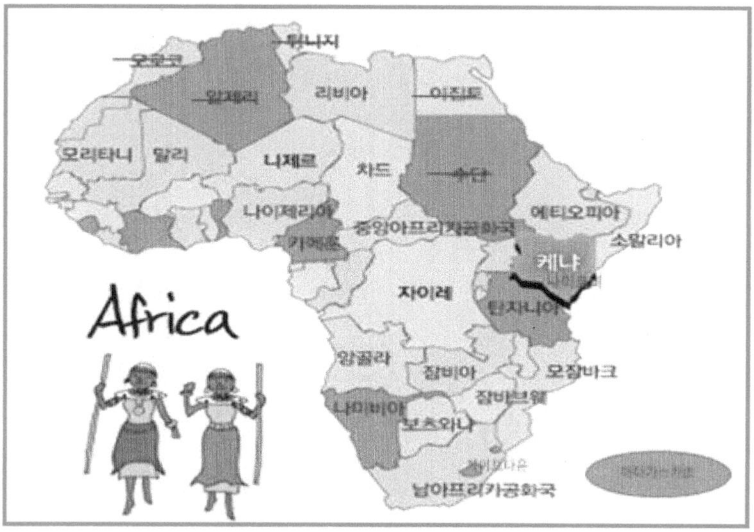

■AREA 3의 SUB AREA

가. Japan/Korea

Japan(JP)	Korea(KR)

나. 동남아시아(SEA : South East Asia)

Brunei Darussalam(BM)		Kazakhstan(KZ)	Palau(PW)
Cambodia(KH)	Kyrgyzstan(KG)	Philippines(PH)	China(CN)
Laos(LA)	Russia(in Asia)(XU)		
Christmas island(CX)		Malaysia(MY)	
Singapore(SG)	Cocos(keeling)	Islands	

Marshall islands(MH)		Tajikistan(TJ)	Guam(GU)
Micornesia(FM)	Thailand(TH)	Hong kong SAR	Mongolia(MN)
Timor Lestr(TL)	Myanmar(BN)	Turkmenistan(TM)	
Northern Marianas(MP)		Uzbekistan(UZ)	Viet Nam(VN)

*SAR : Special Administrative Region of China

다. 남아시아(SAS : South Asian Subcontinental)

Pakistan(PK)	Bangladesh(BD)	Maldives(MV)
Nepal(NP)	Sri Lanka(LK)	Afghanistan(AF)
Bhutan(BT)	India(Including Andaman Islands)(IN)	

라. 남서태평양지역(SWP : South Westpacific)

American Samoa(AS)	Nauru(NR)	Samoa(WS)
Australia(AU)	New Caledonia(NC)	Cook Islands(CK)
Tonga(TO)	Tuvalu(TV)	Slomon Islands(SB)
New Zealand(NZ)	Niue(NU)	Vanuatu(VU)

Fiji, French Polynesia(PF) Norfolk Island(PG)

Papus New Guineakiribati(KI) Wallis & Futuna Islands(WF)

남아시아

동남아시아

남서태평양

연습문제

1. 다음 지역들의 AREA와 SUB AREA를 쓰시오.

국가	AREA	SUB AREA
Atlanta		
Mexico		
Cuba		
Rio de Janeiro		
Pakistan		
Tunisia		
Cambodia		
Turkey		
Fiji		
Dubai		
Greece		

2. 다음 질문에 맞으면 O, 틀리면 X로 답하세요.

1) 괌은 항공지리상 Area 1에 해당하며 Sub-Area는 북미에 속한다.

① O ② X

2) 블라디보스톡은 러시아지만 Area3에 해당하며, Sub-Area는 동남아시아에 속한다.

① O ② X

3) ST Petersburg와 Moscow는 Area2에 해당하며, Sub-Area는 유럽에 속한다.

① O ② X

3. 지리적 위치는 아프리카지만 항공운임지역은 중동에 속하는 국가 2곳을 쓰시오.

4. 다음 중 SUB AREA가 다른 도시는?

① NGO　　② GUM
③ JKT　　④ BJS

5. 다음 중 항공운임지역이 다른 도시는?

① IST　　② CAI
③ ATH　　④ BOM

2 방향지표(GI : Global Indicator)

항공운임은 동일한 두 지점 사이의 여정이라 할지라도 승객이 실제 여행하는 방향에 따라 서로 다른 운임 수준이 적용된다.

예를 들어 한국(SEL)에서 남미 상파울루(SAO)를 갈 때 태평양을 경유하거나, 유럽을 경유하여 대서양을 건널 수도 있다. 이러한 각각의 여정에 따라 운항거리가 차이가 있어 운임이 다르게 책정되며, 이를 바르게 적용하기 위해서는 승객의 여행방향에 맞는 운임을 적용해야 한다. 따라서 IATA에서는 도시 간의 운임을 설정하기 위해 여행의 방향성을 지표화하여 사용하고 있는 데 이를 방향지표(Global Indicator)라고 한다.

1) 방향지표 구분

GI	적용여정	예제
PA	Via Pacific TC1 - TC3 간의 태평양 횡단 여정	SEL/SFO/YYZ SEL/LAX/NYC
AT	Via Atlantic TC2/3 - TC1 간의 대서양 횡단 여정	SEL/PAR/RIO SEL/LON/WAS
AP	Via Atlantic & Pacific 대서양과 태평양 동시 횡단 여정	SEL/TYO/NYC/PAR SEL/LAX/WAS/ROM
TS	Trans Siberian Routing Between Europe & KORJAP 유럽과 한국/일본 간의 시베리아 횡단 여정	SEL/PAR/FRA SEL/MOW/MAD
RU	Russian Routing(Direct Route Between Russia & KORJAP) 한국/일본과 러시아 간의 Direct 여정	SEL/TYO/MOW SEL/MOW/LED
FE	Far East Routing RU를 제외한 TC3와 러시아/Ukraine 간의 Direct 여정	SEL/PEK/SIN/MOW SEL/HKG/MOW
EH	Within Eastern Hemisphere Routing TS, RU, FE를 제외한 동반구내 여정	SEL/BKK/LON SEL/BAH/MAD/PAR
WH	Within Western Hemisphere Routing 서반구 내의 모든 여정	LAX/MEX/SAO HNL/NYC/MIA
PN	Pacific Via North America 호주, 뉴질랜드 및 인근 섬국가들과 남미 간 여정으로 북미를 경유하는 여정	SYD/LAX/MIA SAO/LAS/YVR

2) 방향지표 적용의 우선순위

항공여정의 특성상 하나의 여정에 여러 개의 여정지표(GI)가 복합되어 있는 경우 다음 원칙에 따라 우선순위의 GI를 적용한다.

가. 대양(Pacific/Atlantic) 횡단을 우선기준으로 적용한다.

SEL – TYO – LAX
(EH) (PA) → PA(태평양 횡단 여정)

SEL – LON – NYC
(TS) (AT) → AT(대서양횡단 여정)

나. 대양횡단이 없는 동반구 내의 여정인 경우는 TS, FE, RU에 해당하는지를 먼저 확인하고, 이에 해당되지 않을 경우 EH로 적용한다.

SEL–HKG–BOM → TS? 시베리아 루트여정이 아니므로 ×
RU? FE? 러시아루트 여정이 아니므로 ×
TS, RU, FE에 해당되지 않으므로 이 여정의 GI는 EH

다. 방향지표는 운임 마디 지점에 따라 운임 마디별로 적용한다.

SEL		SEL	RU
HKG	EH	MOW	——
PAR	——	BKK	
SEL	TS	SEL	FE

3) 방향지표 조회

방향지표는 마일리지 조회를 통해 확인할 수 있다.

```
FQM SEL TYO LAX
```

```
CTY    DC    TPM CUM   MPM   DC   LVL   <HGL>  LWL  25M    XTRA
SEL 3          구간별 GI
TYO 3 EH    758    758    909    EH    0M      151     0    1136     0
LAX 1 PA   5458   6216   7167    PA    0M      951     0    8958     0
                                    누적 GI
```

☞ SELTYO의 GI는 EH, SELTYOLAX의 누적 GI는 PA이다.

4) 방향지표에 따른 운임확인

SEL에서 IST까지의 운임을 조회한 결과 방향지표에 따라 운임이 다르게 산출되는 것을 확인할 수 있다.

```
FQDSELIST/AKE/IL,X
ROE 1116.283752 UP TO 100.00 KRW
22JAN19**22JAN19/KE SELIST/NSP;EH/TPM ...../MPM  7204
LN FARE BASIS    OW    KRW     RT  B PEN  DATES/DAYS  AP MIN MAX   R
01 YRT                    3217900  Y  +     -      -      -   -   -    M
02 YOW          1769900            Y  +     -      -      -   -   -    M
03 CRT                    5992000  C  +     -      -      -   -   -    M
04 COW          3295600            C  +     -      -      -   -   -    M

22JAN19**22JAN19/KE SELIST/NSP;TS/TPM  5185/MPM  7813
07 YRT                         3400000  Y  +   -     -     -  -  -   M
08 YOW                1900000           Y  +   -     -     -  -  -   M
09 CRT                         7001900  C  +   -     -     -  -  -   M
10 COW                3851100           C  +   -     -     -  -  -   M

22JAN19**22JAN19/KE SELIST/NSP;AP/TPM ...../MPM 13443
21 YRT                           6174900  Y +   -     -     -  -  -   M
22 YOW                 3396200            Y +   -     -     -  -  -   M
23 CRT                          11457900  C +   -     -     -  -  -   M
24 COW                 6301900            C +   -     -     -  -  -   M
```

연습문제

1. 다음 여정의 GI를 쓰시오.

① SEL/SFO/WAS/LON

② SEL/BOM/DXB

③ SEL/SGN/PAR

④ SEL/TYO/LON/MAD

⑤ SEL/HNL/YVR/FRA

⑥ SFO/LAX/MIA/MEX

⑦ SEL/TYO/GUM

⑧ SEL/MNL/SYD/BNE

⑨ SEL/BKK/BOM/MOW

⑩ SEL/TYO/MOW/LED

2. 다음 응답화면을 보고 해당 여정의 최종 GI를 쓰시오.

```
FQM  SEL  LAX  PAR

CTY  DC TPM  CUM  MPM  DC LVL  <HGL >LWL  25M  XTRA
SEL 3
LAX 1 PA  5973  5973  7167  PA  0M   1194    0 8958     0
PAR 2 AT  5661 11634 12020  AP  0M    386    0 15025    0
```

3 항공운임의 기본용어

용어	의미
Journey (여정)	출발지에서 목적지까지 항공권상에 기록된 전 구간 (SEL/TYO/HNL/SEL)
Origin (출발지)	항공권상에 표기되는 전체 여정의 최초 출발지 (SEL(Origin)/BKK/PAR)
Destination (목적지)	항공권상에 표기되는 전체 여정의 최종 도착지 (SEL(Origin)/BKK/PAR(Destination))
Sector/Segment (운송구간)	전체 여정에서 한 구간에 해당하는 두 도시 (SEL – TYO – HKG – PAR) Sector Sector Sector 또는 Segment
Surface Sector (비항공 운송구간)	항공운송 이외 운송수단(자동차, 기차, 선박 등)을 이용하는 구간으로 해당 구간은 도시 사이에 X로 표기한다. SEL TYO SEA OSA X X YVR FUK SEL SEL
Fare Break point (운임 분리 지점)	한 여정 내에 운임을 나누어 계산하는 지점으로 일반적으로 출발지에서 가장 먼 지점이나 운임이 가장 높은 지점을 선정하게 되며, 운임 마디의 구분이 필요한 편도여정의 경우에는 여정의 방향이 바뀌는 지점을 선정한다. SEL BKK PAR – (운임 분리 지점) SEL
Fare component (운임마디)	운임계산 시 하나의 운임을 적용하는 단위로 하나의 여정에는 다수의 운임마디가 존재할 수 있다. SEL ① TYO ① LAX – PAR – SAO ② LON ② NYC – TYO ③
Point of Turnaround (반환점)	여행의 방향이 바뀌는 지점 또는 여정상의 첫 도시인 Origin으로부터 가장 지리적으로 멀리 떨어져 있는 지점 SEL HNL NYC (T/A 지점) SEL

용어	의미
Transfer (환승)	승객이 여정 중 도시 간의 이동을 위해 동일한 항공사 또는 다른 항공사의 항공편으로 갈아타는 환승을 의미한다. 그러나 출발지, 목적지, 운임 마디 지점은 Transfer 지점이 될 수 없다. SEL / SEL TPE / PAR - HKG - / BJS MNL / SEL SEL (TPE, MNL에서 환승) / (BJS에서 환승)
Stopover (도중체류)	여정 중 중간 기착지에서 24시간 이상 체류하는 것을 의미하며 출발지, 목적지, 운임 마디 지점은 Stopover로 간주하지 않는다. 여정 중 체류하지 않는 중간 기착지 앞에는 X 표시를 한다. SEL / SEL X PEK / PAR - HKG - / X SHA / ROM SEL / SEL (SHA에서 Stopover) / (ROM에서 Stopover)

연습문제

1. 다음 스케줄을 보고 물음에 답하시오.

```
1 KE 129 M 03APR 3 ICNAKL HK1 1650 0810 04APR E 0 772
2 NZ 109 M 04APR 4 AKLSYD HK1 1250 1430 04APR E 0 772
3 GA 715 B 20APR 6 SYDDPS HK1 0900 1350 20APR E 0 333
4 GA 411 M 20APR 6 DPSCGK HK1 1535 1640 20APR E 0 738
5 KE 628 M 21APR 7 CGKICN HK1 2205 0715 22APR E 0 77W
```

① Journey :
② Origin :
③ Destination :
④ Transfer :
⑤ Stopover :

2. 다음 여정을 보고 물음에 답하시오.

SEL CHI LON – X FRA SEL	① Fare Break Point : ② Fare Component : ③ Transfer : ④ Stopover :
PUS FUK X TYO – NYC – HNL SEL	① Fare Break Point : ② Fare Component : ③ Transfer : ④ Stopover : ⑤ Surface Sector :

4 여정의 종류

항공운임은 승객의 여정형태별로 차이가 있으므로 항공운임을 정확하게 산출하기 위해서는 승객의 여정형태를 구별하는 것이 필수적이다. 여정의 형태는 아래와 같이 크게 5가지의 형태로 구분한다.

1) **편도 여정**(OW : One Way)

최초 출발지 국가와 최종 도착지 국가가 각기 다른 여정이다.

SEL AKL SYD	TYO LAX NYC
① Origin : SEL(KR) ② Destination : SYD(AU)	① Origin : TYO(JP) ② Destination : NYC(US)
➡ 출발지 국가와 도착지 국가가 다르므로 OW 여정	➡ 출발지 국가와 도착지 국가가 다르므로 OW 여정

2) **왕복 여정**(RT : Round Trip)

전 여정을 계속 항공편을 이용하여 최초 출발도시로 다시 돌아오는 여정이며, Outbound와 Inbound의 운임이 동일한 운임마디가 2개로 구성된 여정이다.

SEL 677.15 SIN - SEL 677.15	TYO PAR X 1924.49 LON - TYO 1924.49
① Origin : SEL(KR) ② Destination : SEL(KR))	① Origin : TYO(JP)) ② Destination : TYO(JP)
➡ 출도착 도시가 동일하고 IN/OUT 운임마디의 운임이 동일한 RT 여정	➡ 출도착 도시가 동일하고 IN/OUT 운임마디의 운임이 동일한 RT 여정. 중간에 비항공운송구간은 하나의 운임마디로 계산 시 계속 비행하는 것으로 간주함

3) 일주 여정(Circle Trip)

전 여정을 계속 항공편을 이용하여 최초 출발도시로 다시 돌아오는 여정이며, Outbound와 Inbound의 운임이 동일하지 않거나 3개 이상의 운임 마디로 구성된 여정이다. 왕복여정과 일주여정의 구분은 운임계산을 완료하기 이전에는 구분하기가 어렵다.

SEL 617.04 BKK - 294.61 SIN - SEL 677.51	SEL LAX 799.52 NYC - SEL 761.45
① Origin : SEL(KR) ② Destination : SEL(KR))	① Origin : SEL(KR) ② Destination : SEL(KR))
➡ 출도착 도시가 동일하고 IN/OUT 운임 마디의 운임이 상이하며 운임 마디가 3개인 CT 여정	➡ 출도착 도시가 동일하고 IN/OUT 운임 마디의 운임이 상이한 CT 여정

4) 세계일주 여정(Round The World Trip)

일주 여정의 일종으로 전 여정을 계속 항공편을 이용하여 최초 출발도시로 다시 돌아오는 여정이며 동쪽 혹은 서쪽으로 일정한 방향을 유지하며 여행하면서 대서양과 태평양을 모두 횡단하는 여정이다.

SEL LAX NYC PAR LON BKK SEL	SEL BKK PAR BOM NYC SEL
① Origin : SEL(KR) ② Destination : SEL(KR))	① Origin : SEL(KR) ② Destination : SEL(KR))
➡ 출도착 도시가 동일하고 계속 항공편을 이용하여 일정한 방향을 유지하면서 태평양과 대서양을 횡단하는 RTW 여정	➡ 출도착 도시가 동일하고 계속 항공편을 이용하여 여행하지만 PAR에서 다시 3지역인 BOM로 여행함으로써 한 방향이 유지되지 못해 RTW가 될 수 없는 여정

5) 가위 벌린 여정(Open Jaw Trip)

가위 벌린 여정은 국제선 운임마디가 2개 이내이면서 비항공운송 구간(Surface Sector)에 의해 항공여정이 중단된 구간이 있는 여정이다. 여정 중단 발생지점에 따라 다음과 같이 3가지 Open Jaw로 분류할 수 있다.

(1) OOJT(Origin Open Jaw Trip)

출발지를 향해 가위 벌린 여정, 즉 최초 출발지와 최종 도착지가 다른 여정

SEL TYO - CJU	BJS SEL - TPE
① Origin : SEL(KR) ② Destination : CJU(KR))	① Origin : BJS(CN) ② Destination : TPE(CN)
➡ Origin과 Destination이 한 국가(한국)의 다른 도시이므로 OOJT 여정 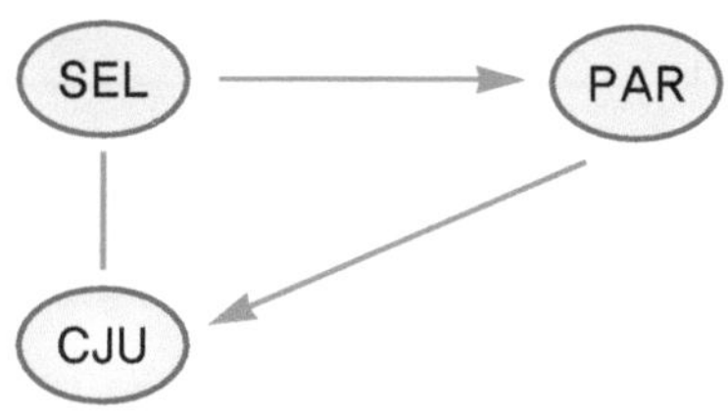	➡ Origin과 Destination이 한 국가(중국)의 다른 도시이므로 OOJT 여정 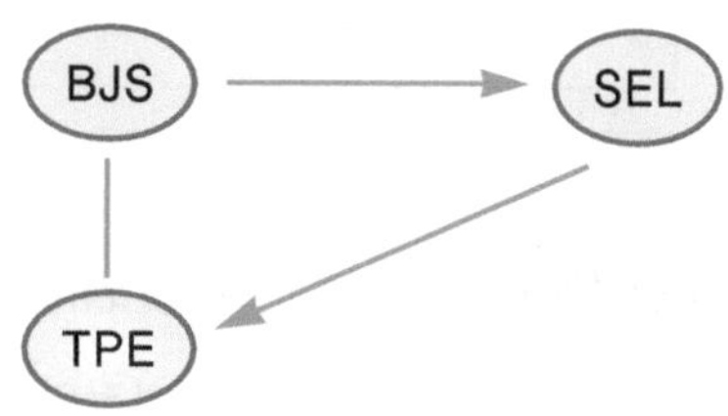

참고 **같은 나라로 간주하는 국가**

① 미국/캐나다(전 여정이 미국/캐나다로 이루어진 여정은 제외)
② 유럽 구간(전 여정이 유럽으로 이루어진 여정은 제외)
③ 스칸디나비아(덴마크, 노르웨이, 스웨덴) 구간 (전 여정이 스칸디나비아인 여정은 제외)

(2) TOJT(Turnaround Open Jaw Trip)

Outbound 여정의 도착지와 Inbound 여정의 출발지가 다른 여정

SEL PAR - X FRA - SEL	OSA SEL - X PUS - OSA
① Outbound **여정의 도착지** : PAR ② Inbound **여정의 출발지** : FRA	① Outbound **여정의 도착지** : OSA ② Inbound **여정의 출발지** : PUS
➡ Outbound 여정의 도착지와 Inbound 여정의 출발지가 다른 TOJT 여정 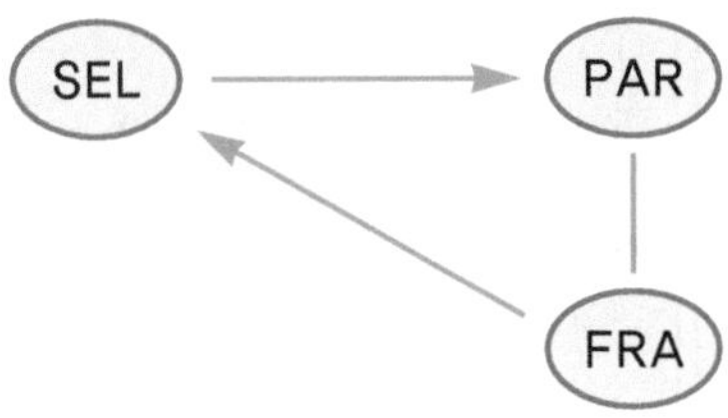	➡ Outbound 여정의 도착지와 Inbound 여정의 출발지가 다른 TOJT 여정 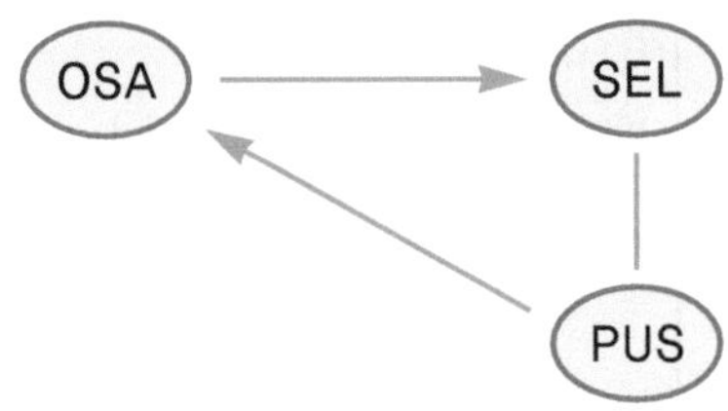

(3) DOJT(Double Open Jaw Trip)

Outbound와 Inbound 여정의 출발지와 도착지가 모두 다른 여정으로 전체여정 중 비항공 운송구간이 2개 포함된 여정

PUS BKK - X HKT - SEL	SEL TYO - X OSA - TAE

➡ 2개의 비항공 운송구간을(BKK HKT, SEL PUS) 포함한 DOJT 여정

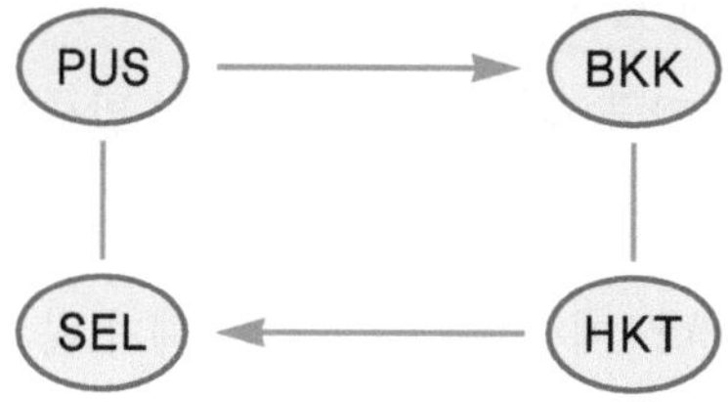

➡ 2개의 비항공 운송구간을(TYO OSA, TAE SEL) 포함한 DOJT 여정

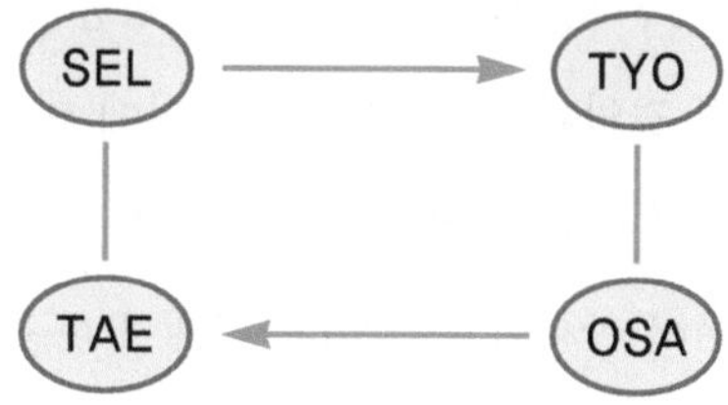

연습문제

1. 다음 여정의 종류를 쓰시오.

① SEL/HKG X TPE/SEL
② SEL/BKK/SYD
③ SEL/HNL/NYC/LON/MAD/DXB/BKK/SEL
④ SEL/HKG/BKK/SIN/SEL
⑤ SEL/NGO/OSA/CJU

2. 8개 이상의 도시코드를 이용하여 자신만의 세계일주 여정을 만들어 보시오.

5 운임의 설정

국제선 항공운임은 각국 항공사가 IATA에 제안하면 IATA 운임 조정회의의 만장일치 결의에 의해 결정된다. 이에 대한 효력은 각국 정부가 인가함으로서 발생한다. 설정된 운임과 관련하여 관련국가 중 어느 일방이 승인을 거부하면 IATA 운임으로서의 효력이 발생되지 못한다. 국제선 항공운임은 IATA에서 운임의 신설과 폐기 및 인상과 인하 등 방식으로 설정되며, 다음과 같은 사항이 운임 수준을 결정하는 데 작용하게 된다.

■ 운항거리

항공운임은 기본적으로 운항거리에 따른 비용을 감안하여 설정된다. 운항거리가 길수록 운임의 증가율이 낮아지는 제도에 기초해 결정된다. 그러나 동일 Area 내의 주요 도시들의 운임을 균일화시키는 균일제의 원리가 보편적으로 사용되기도 한다.

■ 출발지 국가의 사회 경제적 수준

항공운임은 출발지 국가의 경제적 수준을 반영한다. 운임이 주로 출발지국 통화로 결정되기 때문에 출발지 국가의 통화가치, 경제적 수준, 기타 교통수단의 운임 등 해당 국가의 사회, 경제적 수준을 고려하여 결정된다.

■ 탑승률

과거의 운송실적, 운항편수 등의 요인도 운임결정 시 고려된다.

■ 예상수요

해당 구간의 장기적인 수요에 대한 전망도 운임결정 시 고려되는 요인이다.

■ 관련국 및 관련 항공사의 정책

운항 상대국의 항공정책, 경쟁 항공사의 판매정책 등도 운임결정에 여향을 끼친다.

■ 계절적 수요

계절 변동에 따른 수요의 탄력성을 감안하여 성수기, 비수기 운임을 별도로 공시하기도 한다.

6 항공운임의 적용

1) 운임적용 방향의 중요성

국제선 항공운임은 최초 출발지 국가의 통화로 공시되어 있고, 동일 도시 간 여행이라도 여행하는 방향에 따라 다른 운임이 적용된다.

예를 들어 아래 운임비교 화면에서와 같이 서울 동경 편도 운임은 KRW 368,500이지만 동경 서울 운임은 JPY 63,600으로 운임수준에 차이가 있음을 알 수 있다, 따라서 항공운임 계산 시 운임의 적용방향은 중요한 의미를 가지게 되며, 이에 대한 일반적인 원칙이 필요하게 된다.

```
FQDSELTYO/AKE/IL,X,O  서울-동경 운임 KRW 368500
ROE 1116.283752 UP TO 100.00 KRW
31JAN19**31JAN19/KE SELTYO/NSP;EH/TPM   758/MPM   909
LN FARE BASIS    OW   KRW   RT   B PEN  DATES/DAYS   AP MIN MAX  R
01 YOW          368500            Y +    -        -  +   -   -   -  M

FQDTYOSEL/AKE/IL,X,O  동경-서울 운임 JPY 63600
ROE 113.016418 UP TO 100.00 JPY
31JAN19**31JAN19/KE TYOSEL/NSP;EH/TPM   758/MPM   909
LN FARE BASIS    OW   JPY   RT   B PEN  DATES/DAYS   AP MIN MAX R
01 YOWKE         63600            Y +    -        -  +   -   -   -  R
```

2) 운임적용방향의 원칙

(1) 여행진행 방향대로 적용한다

```
SEL  |          BKK  |          TYO  |
HKG  |          SEL  |          PAR  |
PAR  ↓          LAX  ↓          LON  ↓
```

(2) 출발지 국가로 돌아오는 운임 마디는 여행 진행방향이 아닌 반대방향으로 적용한다

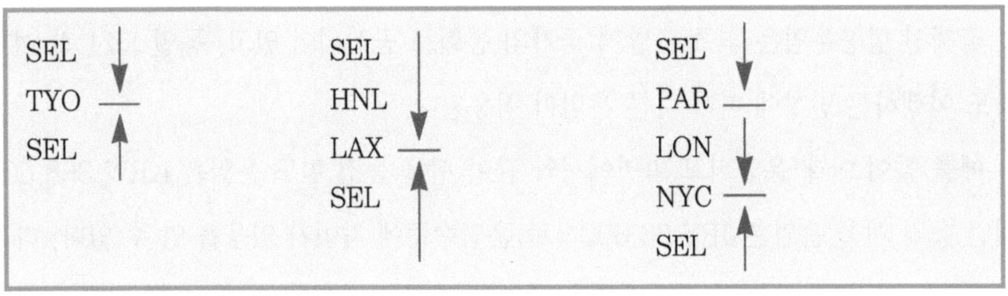

(3) 여정상에 공통지점이나 공통국가 있는 경우 출발지 국가로 돌아오는 운임 마디에 대해서는 여정진행 반대방향으로 적용할 수 있다

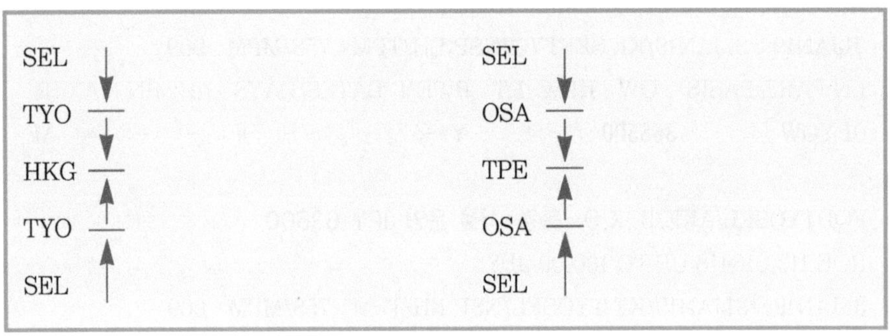

참고 같은 나라로 간주하는 국가

① 미국/캐나다(전 여정이 미국/캐나다로 이루어진 여정은 제외)

② 유럽 구간(전 여정이 유럽으로 이루어진 여정은 제외)

③ 스칸디나비아(덴마크, 노르웨이, 스웨덴) 구간 (전 여정이 스칸디나비아인 여정은 제외)

3) 여정형태와 운임의 적용

운임의 적용방향이 정해지면, 다음으로는 적용할 운임을 선택하는 과정이 필요하다.

항공운임은 일반적으로 OW(편도)운임, RT(왕복)운임 두 가지로 공시되어 있고 편도운임보다 왕복의 절반운임(1/2RT)이 더 낮게 설정되어 있다. 따라서 운임계산 시 운임마디에 편도운임을 적용하느냐, 왕복의 절반운임(1/2RT)을 적용하느냐는 운임마디를 반영한 전체 여정의 형태에 따라 결정된다.

동일한 조건하에서는 가장 낮은 운임이 적용이 되어야 하므로 운임 산출 시에 운임의 적용 방향이나 운임의 선택은 중요한 요소가 된다.

(1) 1/2RT 운임 적용 여정

다음 여정들에 대하여는 해당 운임마디 구간 왕복운임의 절반(1/2RT)을 적용하여 산출한다.

❶ 왕복여정(RT)

SEL	↓	1/2RT(SELHKG 운임 왕복의 반)	TYO	↓	1/2RT(TYOLAX 운임 왕복의 반)
HKG	—		LAX	—	
SEL	↑	1/2RT(SELHKG 운임 왕복의 반)	TYO	↑	1/2RT(TYOLAX 운임 왕복의 반)

❷ 일주여정(CT)

SEL	↓	1/2RT	SEL	↓	
BKK	— ↓		LAX	↓	1/2RT
SIN	—	1/2RT	NYC	—	
SEL	↑	1/2RT	SEL	↑	1/2RT

❸ **정상 가위 벌린 여정**(OJT)

국제선 운임마디가 2개이고 출발지 국가로 돌아오는 OJT여정

SEL ↓	1/2RT	SEL ↓	1/2RT	SEL ↓	1/2RT
BKK —		OSA —		BJS —	
CJU ↑	1/2RT	X		X	
		NGO —		HKG —	
		SEL ↑	1/2RT	PUS ↑	1/2RT

(2) 편도(OW)운임 적용 여정

❶ **출도착 국가가 다른 편도**(OW : One Way) **여정**

SEL ↓		TYO ↓	ow
PAR		SEL	
LON	ow		
MAD ↓			

❷ **비항공 운송구간이 존재하며 국제선 운임 마디가 3개 이상인 여정**

SEL ↓	ow	SEL ↓	ow	SEL ↓	ow
PAR — ↓	ow	SIN — ↓	ow	SIN — ↓	ow
BOM —		TYO — ↑		BKK —	
X		CJU	ow	X	
DEL — ↑		(CJU-SEL 비항공 운송구간)		HKT — ↑	ow
SEL	ow			SEL	
(BOM-DEL 비항공 운송구간)				(BKK-HKT 비항공 운송구간)	

연습문제

1. 다음 여정에 사용될 운임의 적용 방향과(화살표), 운임의 종류(OW, 1/2RT)를 운임 마디별로 모두 표시하시오.

SEL LAX – X LAS – SEL	SEL KUL – NYC RIO – SEL	SEL LAX SAO – TYO SEL
SEL MOW – PAR SEL CJU	SEL BNE – X SYD – NYC – SEL	TYO SEL BKK PAR –

7 통화 규정(Currency Regulation)

항공운임은 원칙적으로 출발지 국가 통화를 기준으로 공시되어 있다. 따라서 운임을 서로 비교하거나 결합할 필요가 있는 여러 구간으로 구성된 여정의 경우 운임 산출을 위해 통일된 단위가 필요하며, 반드시 여정의 출발지에서만 항공권을 구매하는 것은 아니므로 설정된 항공운임 통화와 항공권 구입을 위해 지불하는 통화가 다를 수도 있다. 이와 같은 통화의 환산 작업을 위해 통화규정(Currency Regulation)이 설정되어 있다.

1) NUC(중립통화단위 : Neutral Unit of Construction) 제도

NUC는 항공운임에만 적용되는 통화로 출발지국가 통화를 기준으로 설정된 다양한 항공운임의 결합 및 비교 시 환산을 위해 사용하는 가상의 중립적인 통화단위이다.

NUC단위로 운임을 표시할 경우 소수 둘째자리까지 표시한다. 예를 들어 계산결과가 NUC 782.2479라면 NUC 782.24로 기재한다.

NUC는 출발일 기준으로 적용되며 출발지국의 통화로 운임을 표시할 경우 끝자리는 각국의 통화마다 정해진 끝 단위 처리 방법에 맞게 표시해야 한다.

참고 서로 다른 통화로 표시된 운임을 한 개의 항공권으로 발권 시 사례

여정 : SEL
↓ ow
SIN
↓ ow
BOM

① 각국 출발지 통화로 조회 시(KRW와 SGD로 조회된 운임의 결합불가)

SELSIN 운임 조회 시 KRW 통화로 조회

05FEB19**05FEB19/KE **SELSIN**/NSP;EH/TPM 2883/MPM 3459

LN	FARE BASIS	OW **KRW**	RT	B	PEN	DATES/DAYS	AP	MIN	MAX	R
071	YOW	832000		Y	+	-	-	-	-	- M

SINBOM 운임조회 시 SGD 통화로 조회

```
05FEB19**05FEB19/SQ SINBOM/NSP;EH/TPM  2437/MPM  2924
LN FARE BASIS   OW      SGD     RT  B  PEN   DATES/DAYS AP MIN MAX R
01 YIFSQ        1550                Y  -     -      -     -   -   -  M
```

② 서로 다른 통화로 표시된 운임을 비교 결합하기 위해 NUC로 조회
(NUC 운임끼리 결합 가능)

```
05FEB19**05FEB19/KE SELSIN/NSP;EH/TPM  2883/MPM  3459
LN FARE BASIS   OW      NUC    RT  B  PEN  DATES/DAYS  AP MIN MAX R
01 YOW          741.86             Y  +    -      -      -   -   -  M

05FEB19**05FEB19/SQ SINBOM/NSP;EH/TPM  2437/MPM  2924
LN FARE BASIS   OW      NUC     RT     B PEN DATES/DAYS  AP MIN MAX R
01 YIFSQ        1140.45                Y  -    -      -    +  -  -  -  M
```

2) ROE(교환율 : Rate Of Exchange)

출발지국 통화로 표시된 운임을 NUC로 환산 시 사용되는 ROE는 IATA에 의해 매월1일 공시된다. 단 매월 변동되는 것이 원칙이나 상당한 통화가치의 변동이 발생하는 경우는 IATA에 의해 변경 고지될 수 있다.

ROE는 항공권 발행일을 기준으로 적용하게 되어 있으며, 재발행 시에는 최초 발행 항공권의 ROE를 그대로 사용하게 된다.

ROE는 각국의 통화코드로 조회가능하며 운임조회 시 화면상단에서도 쉽게 확인이 가능하다.

```
① 통화코드로 조회
FQAKRW
                EFF 01FEB19 *** DISC INDEF
1 NUC 1121.498215 KRW     ROUNDING UP TO    100.00 KRW
NUC - NEUTRAL UNIT OF CONSTRUCTION
KRW - S.KOREAN WON

② 운임조회 화면에서 확인
FQDSELPAR/AKE/IL,X
ROE 1121.498215 UP TO 100.00 KRW
05FEB19**05FEB19/KE SELPAR/NSP;TS/TPM 5626/MPM 8342
LN FARE BASIS      OW   KRW   RT   B PEN  DATES/DAYS  AP MIN MAX R
01 ELX0ZRMK                 1400000 E +        -      12345+  + -   12M  R
```

3) 환산 공식

출발지국 통화운임과 NUC 표시운임은 다음과 같은 공식에 의해 환산된다.

NUC=출발지국 통화 운임÷ROE
출발지국 통화 운임(Local Currency)=NUC X ROE

4) 출발지국 통화 표기 시 끝자리 처리 방법(Rounding Unit)

통화별 항공운임 산출 및 표기 시 올림/반올림 하는 것으로 운임조회 화면에서 확인 가능하다. 올림은 Rounding Up, 반올림은 Rounding To The Nearest로 표시한다.

(1) 올림

① FQDTYOSEL/AKE/IL,X/R,NUC

ROE 108.387898 **UP TO 100.00 JPY** (KRW, JPY 등은 100의 자리에서 올림)

08FEB19**08FEB19/KE TYOSEL/NSP;EH/TPM 758/MPM 909

LN FARE BASIS OW NUC RT B PEN DATES/DAYS AP MIN MAX R

01 YRTKE **977.96** Y + − − +− − − R

환산) NUC 977.96을 JPY으로 환산

JPY의 ROE : 108.38789

JPY의 R/U : 100단위 올림 "ROUNDING UP TO 100.00"

977.96 X 108.387898 = 105,999.02872808 → **JPY 106,000**

② FQDHKGSEL/AKE/IL,X/R,NUC

ROE 7.836413 **UP TO 10.00 HKD** (HKD, CNY 등은 10의 자리에서 올림)

08FEB19**08FEB19/KE HKGSEL/NSP;EH/TPM 1295/MPM 1554

LN FARE BASIS OW NUC RT B PEN DATES/DAYS AP MIN MAX R

01 QHE4ZRCK **395.58** Q + S02FEB 08FEB 14 − 1M R

환산) NUC 395.58을 HKD로 환산

HKD의 ROE : 7.836413

HKD의 R/U : 10단위 올림 "ROUNDING UP TO 10.00"

395.58 X 7.836413 = 3,123.66305454 → **HKD 3130**

③ FQDPARSEL/AKE/IL,X/R,NUC

ROE 0.874972 UP **TO 1.00 EUR** (EUR, SGD, NZD 등은 1의 자리에서 올림 처리)

05FEB19**05FEB19/KE PARSEL/NSP;TS/TPM 5626/MPM 8342

LN FARE BASIS OW NUC PEN DATES/DAYS AP MIN MAX R

01 NLX14FUP **410.28** N + − 12347+10 4 3M R

환산) NUC 410.28을 EUR로 환산

EUR의 ROE : 0.874972

EUR의 R/U : 1 단위 올림 "ROUNDING UP TO 1.00"

410.28 X 0.874972 = 358.98351216 → **EUR 359**

④ **FQDBKKSEL/AKE/IL,X/R,NUC**

ROE 32.30680 UP TO 5.00 THB (THB, INR 등은 5의 자리에서 올림 처리)

05FEB19**05FEB19/KE BKKSEL/NSP;EH/TPM 2286/MPM 2743

LN FARE BASIS OW NUC RT B PEN DATES/DAYS AP MIN MAX R

01 QLE6ZFSK **410.12** Q + S29JAN 31MAR+30 - 3M R

환산) NUC410.12을 THB로 환산

THB의 ROE : 32.30680

THB의 R/U : 5단위 올림 "ROUNDING UP TO 5.00"

410.12 X 32.30680=**119,246.983344 → THB 119,250**

(2) 반올림

FQDLONSEL/AKE/IL,X/R,NUC

ROE 0.786665 **NEAREST 1.00 GBP** (CAD, USD, GBP 등은 1의 자리에서 반올림처리)

05FEB19**05FEB19/KE LONSEL/NSP;TS/TPM 5646/MPM 8366

LN FARE BASIS OW NUC RT B PEN DATES/DAYS AP MIN MAX R

01 QLE7ZRUK **470.32** Q + S30DEC 31MAR+ 7 - 6M

환산) NUC 470.32를 GBP로 환산

GBP의 ROE : 0.786665

GBP R/U : 1 단위 반올림 **"ROUNDING TO THE NEAREST 1.00"**

470.32 X 0.786665=369.9842828 → **GBP 370**

5) 통화변환(Currency Entry)

다음과 같은 지시어를 통해 NUC를 각국 통화로 또는 각국 통화를 원하는 통화로 변환할 수 있다.

❶ NUC250.23을 KRW로 변환

```
FQC250.53NUC/KRW
```

```
FQC250.53NUC/KRW
CONVERSION OF NUC TO KRW
KRW 281000 - ROUNDED AS FARES
KRW 280968 - AMOUNT TRUNCATED
ROE USED 1 NUC = 1121.498215 KRW EFF 01FEB19

ROUNDING OF FARES UP TO 100 KRW
NUC - NEUTRAL UNIT OF CONSTRUCTION
KRW - S.KOREAN WON
```

❷ USD500을 HKD로 변환

```
FQCUSD500/HKD
```

```
FQC500USD/HKD
BSR CONVERSION OF USD TO HKD
HKD 3930 - ROUNDED AS FARES
HKD 3923 - AMOUNT TRUNCATED
BSR USED 1 USD = 7.847723 HKD EFF 05FEB19 DISC 05FEB19
ROUNDING OF FARES UP TO 10 HKD
```

■ 주요국 통화 Code 및 Rounding Unit

국가	통화 CODE	통화명	R/U	비고
Australia	AUD	Dollar	1	
Austria	ATS	Schilling	10	
Bahrain	BHD	Dinar	1	
Belgium	BEF	Franc	10	
Canada	CAD	Dollar	1	반올림 처리
China	CNY	Yuan renmibi	10	
Denmark	DKK	Krone	5	
Finland	FIM	Markka	5	
France	FRF	Franc	5	
Germany	DEM	Mark	1	
Greece	GRD	Drachma	100	
Hongkong	HKD	Dollar	10	
India	INR	Rupee	1	
Italy	ITL	Lira	1000	
Japan	JPY	Yen	100	
Malaysia	NYR	Ringgit	1	
Netherlands	NLG	Guilder	1	
New zealand	NZD	Dollar	1	
Norway	NOK	Krone	5	
Portugal	PTE	Escudo	100	
Saudi Arabia	SAR	Riyal	1	
Singapore	SGD	Dollar	1	
Spain	ESP	Peseta	50	
Sweden	SEK	Krone	5	
Switzerland	CHF	Franc	1	
Taiwan	TWD	Dollar	1	
Thailand	THB	Baht	5	
United Kindom	GBP	Pound	1	
U.S.A	USD	Dollar	1	반올림 처리
모든 유럽 국가	EUR	EURO	1	반올림 처리

※ KRW는 100 단위를 기준으로 올림 처리함.

연습문제

1. KRW 650,000을 다음의 통화로 변환하시오.

① USD (　　　　　)

② EUR (　　　　　)

③ NUC (　　　　　)

2. 다음 계산결과를 보고 승객에게 안내해야 할 금액을 쓰시오.(CAD)

```
FQC280NUC/CAD
CONVERSION OF NUC TO CAD
CAD 374.00 - ROUNDED AS FARES
CAD 374.09 - AMOUNT TRUNCATED
ROE USED 1 NUC = 1.336045 CAD EFF 01FEB19

ROUNDING OF FARES TO NEAREST 1.00 CAD

NUC - NEUTRAL UNIT OF CONSTRUCTION
CAD - CANADIAN DOLLAR
```

3. 다음 (　　)를 채우시오.

① NUC=KRW÷(　　　　)

② KRW의 끝자리 처리 방법은 (　　　　　　　)이다.

4. BJS-SEL 구간의 OW NUC가 174.98이며 CNY의 ROE가 6.857577일 경우 NUC174.98 X ROE 6.857577=CNY 1,199.93882346으로 계산된다. 승객에게 안내해야 할 금액은 CNY 얼마인지 쓰시오.(CNY는 10단위 올림)

항공여객발권실무

Fare & **Ticketing** for Airline Passengers

3

제3장

Fare System

제3장

Fare System

1 TOPAS Fare System

Fare System이란 항공운임 산출을 위해 운임조회, 운임 관련된 각종 정보와 Rule 조회, 자동운임계산, 실제 예약상태와 연계한 적용 가능한 운임 조회와 계산 기능 등을 갖춘 시스템을 의미한다. 국내 대표적 CRS인 TOPAS와 세계적인 GDS인 AMADEUS Fare System이 전략적 제휴를 체결하여 TOPAS SellConnect 로 다양한 기능을 제공하고 있다.

1) TOPAS SellConnect Fare System의 기본 기능

(1) 운임조회기능

(2) 운임관련 각종 정보 및 Rule조회 기능

(3) PNR이 없는 상태에서 자동으로 운임을 계산하는 기능

(4) PNR이 있는 상태에서 자동으로 운임을 계산하는 기능

(5) 실제 예약상태와 연계한 적용 가능한 운임을 계산하는 기능

(6) 항공사 Nego Fare의 별도 조회 및 자동 운임 계산 기능

2) Fare System의 구조

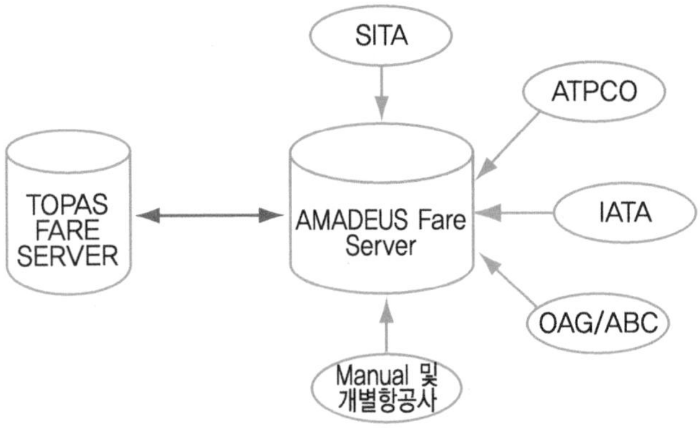

3) TOPAS Fare System의 특징

(1) 각종 Display Option 및 제공 Information의 다양화

(2) Pricing 종류의 용도별 다양성 : FQP/FXP/FXB 및 Negotiated Fare Pricing

(3) 동일 PNR내 복수의 승객 Type 동시 운임산출

(4) 예약과 연계한 Fare Display 및 Best Buy Pricing 방식 적용

(5) 항공사별 Own-Fare의 결합을 통한 저렴한 운임 산출

(6) 항공사의 Booking Class를 중심으로 한 운임 산출 방식

(7) 구체적인 Error-message 제공을 통한 용이한 Entry 적용방식

(8) Reissue, Refund 자동 계산 기능

(9) 저렴한 운임조회 후 예약 생성 기능

(자료원 : 토파스여행정보, 2014)

4) Fare System 지시어 요약

기본 Entry	Entry 설명	입력 예	비고
FQA	IATA ROE(Rate Of Exchange)	FQAKRW FQA*SEL	운임계산 관련 지시어
FQC	환율조회 및 통화 변환	FQC200NUC/JPY	
FQM	마일리지관련 조회 및 계산	FQMSELTYOLAX	
FQD	운임 조회	FQDSELTYO/AKE	운임조회관련 지시어
FQN	운임규정 및 TAX 조회	FQN1(1: 운임 번호) FQNTAX/KR	
FQR	루팅 Information 조회	FQR2(2: 운임 번호)	
FQP	PNR 없는 여정의 운임 조회	FQPSELHKGPAR	Pricing
FXP	PNR 있는 여정의 운임 조회		
FXB	가장 낮은 운임으로 재예약		
FXL	대기예약 포함 가장 낮은 운임으로 산출 (재예약되지 않음)		
FXD	여정정보로 최저가 조회	FXDICN/D1JUNBKK/D9 JUNICN (FXS1 : 1번 운임 선택	

2 Fare Display(HE FQD)

TOPAS는 다양한 옵션을 사용하여 공시운임의 조회가 가능하며 항공사, 날짜, Booking Class, Global Indicator 등을 지정한 운임조회가 가능하다.

구간운임 조회 시 출목적지와 탑승항공사는 반드시 입력해야 조회할 수 있다.

1) 기본 조회

FQDSELHKG/AKE ➡

FQD : 기본지시어
SELHKG : 출, 목적지
AKE : 대한항공 탑승 조건
➡ 조회 당일 출발조건, 출발지국 통화(KRW)
성인 개인운임, 높은 운임에서 낮은 운임 순

```
FQDSELHKG/AKE
AI  BI  BR  B7  CA  CI  CX  CZ  EK     TAX MAY APPLY
ET  EY  FZ  GA  GS  HU  HX  H1  IT     SURCHG MAY APPLY-CK RULE
JL  KA  KL  LH  LJ  MF  MH  MU  NZ
OZ  PG  PR  QF  QR  SQ  S7  TG  UO
VN  WE  WY  ZE  0E  3U  6X  7C  9W
/YY*AA  AC  AF  AK  BG  B0  CA  CG
CO  C6  D2  D7  EK  FD  FN  FP  FR   → 해당 구간 운임이 있는 항공사 리스트
FY  F5  GI  GX  G5  HC  HV  H1  H2
JD  JJ  J9  KC  KE  LA  LH  LJ  LL
LS  MF  M8  NW  OD  OZ  PZ  QH  QZ
RY  R3  R7  R8  SB  S3  TB  TO  TW
UA  UJ  VJ  VK  VY  WW  W2  W5  W7
XJ  XL  X4  X5  YC  YZ  ZE  ZH  ZL
Z2  3Q  3U  4M  4O  5Q  6Q  7A  7C
9B  9G  9H  9N  9R  9X
ROE 1121.498215 UP TO 100.00 KRW
06FEB19**06FEB19/KE SELHKG/NSP;EH/TPM  1295/MPM  1554
LN FARE BASIS    OW    KRW   RT    B PEN  DATES/DAYS   AP MIN MAX R
01 POW         1143300             P  +     -     -     -   -    - M
02 PRT                   2078600   P  +     -     -     -   -    - M
03 FOW         1006100             F  +     -     -     -   -    - M
04 FRT                   1829200   F  +     -     -     -   -    - M
05 JOW          839000             J  +     -     -     -   -    - M
06 COW          762700             C  +     -     -     -   -    - M
07 JRT                   1525400   J  +     -     -     -   -    - M
08 CRT                   1386600   C  +     -     -     -   -    - M
09 DNE3ZRKC              1248000   D  +     -     -    +3   -  12M +R
10 YOW          519600             Y  +     -     -     -   -    - M
11 YRT                    944600   Y  +     -     -     -   -    - M
```

■운임조회화면 항목별 내용

<table>
<tr><th>코드</th><th>설 명</th></tr>
<tr><td>LN</td><td>Line Number(운임 번호)</td></tr>
<tr><td>Fare Basis</td><td>운임종류
성수기 : H로 표기(MHXEKU), 평수기 : K(MKXEKU), 비수기 : L</td></tr>
<tr><td>OW</td><td>One Way Fare</td></tr>
<tr><td>KRW</td><td>통화코드</td></tr>
<tr><td>RT</td><td>Round Trip Fares</td></tr>
<tr><td>B</td><td>운임공시 항공사 적용 Booking Class
(해당 운임 사용 시 해당 Booking Class를 사용해야 함)</td></tr>
<tr><td>PEN</td><td>Penalty정보
NR F : Non-Refundable
P50 : 50% penalty
- : penalty 없음
+ : 추가 제한사항이 있음(FQN +Line Number로 확인 가능)</td></tr>
<tr><td>Date/Days</td><td>S : Seasonality운임이 적용되는 기간
(S01NOV-16DEC : 출발일이 이 기간에 포함되어야 해당 운임 사용 가능)
Date : 출발일적용(Seasonality)
Days : 출발요일 적용, 주중(X), 주말(W)로 표기(MKWEKU)
A : 지정일자와 지정일자 이후에 발권가능한 운임
B : 지정일자와 지정일자 이전에 발권가능한 운임
(B30DEC : 12월30일 이전에 발권해야 해당 운임 사용 가능)</td></tr>
<tr><td>AP</td><td>사전 구입조건(Advance Purchase)
+ : 제한사항이 더 있음
- : 적용되지 않음
30D : 출발일 30일 전에 항공권 구매해야 해당 운임 사용 가능</td></tr>
<tr><td>MIN/MAX</td><td>MIN(Minimum Stay) : 최소체류기간/MAX(Maximum Stay) : 최대체류기간
<table>
<tr><th>출발일</th><th>여정</th><th>MIN/MAX</th><th>MIN</th><th>MAX</th></tr>
<tr><td>01JUN</td><td>ICN
PAR -
ICN</td><td>MIN : 3D
MAX : 3M</td><td>01JUN
+3DAYS

04JUN
(주1)</td><td>01JUN
+3M

04SEP
(주2)</td></tr>
</table>
(주1) : PAR ICN구간을 04JUN부터 출발 가능(이전에는 출발 불가)
(주2) : PAR ICN구간을 04SEP까지 출발 가능(이후에는 출발 불가)</td></tr>
<tr><td>R</td><td>운임계산 방식(M : Mileage System Fare, R : Routing System Fare)</td></tr>
</table>

2) 선택사항 지정 조회

기본조건 외에 여러 가지 Option을 추가하여 조회할 수 있다.

- 조회 조건의 구분을 위해 조건과 조건 사이는 '/'를 입력한다.
- Option입력순서는 따로 없음

가. 항공사 복수 지정

조회하고자 하는 구간에 대한 운임을 최대 3개 항공사까지 지정하여 조회, 비교할 수 있다. 이 경우 가장 낮은 운임을 제공하는 항공사의 운임 순으로 조회된다.

조회 조건의 구분을 위해 조건과 조건 사이는 '/'를 입력한다.

❶ SELHKG 구간 KE, OZ, CX 항공사를 지정하여 조회

```
FQDSELHKG/AKE,OZ,CX
```

```
06FEB19**06FEB19/SELHKG/NSP;EH/TPM 1295/MPM 1554
LN FARE BASIS  OW    KRW  RT   PEN  DATES  DAYS AP MIN MAX AL R

01 VKSRS                 246000  +    -           - + -   -   -  OZ R
02 VOKSRS       123000           +    -           - + -   -   -  OZ R
03 SKSRS                 306000  +    -           - + -   -   -  OZ R
04 SOKSRS       153000           +    -           - + -   -   -  OZ R
05 QHARRKR8               370000  +  S01MARB31MAR+ -   -    1M CX R
06 KOKSRS       193000           +    -           - + -   -   -  OZ R
07 KKSRS                 386000  +    -           - + -   -   -  OZ R
08 NHARRKR8               400000  +  S01MARB31MAR+ -   -    1M CX R
```

❷ LAXSEL 구간 KE, AA 항공사를 지정하여 조회

```
FQDLAXSEL/AKE,AA
```

```
06FEB19**06FEB19/LAXSEL/NSP;PA/TPM  5973/MPM7167
LN FARE BASIS OW  USD RT   PEN  DATES  DAYS AP MIN MAX AL R
01 LLG0ZRMF              900   + S07MAY  X56+ -     +  12M  KE R
02 SLU08GN1              900   + S05MAY  X56+ +     +  12M  AA M
```

나. 출발일 지정

여정의 첫 구간 출발일을 지정하여 조회한다.

❶ SELPAR 7월1일 출발 KE 운임 조회

```
FQDSELPAR/D1JUL/AKE
```

```
01JUL19**01JUL19/KE SELPAR/NSP;TS/TPM  5626/MPM  8342
LN FARE BASIS     OW   KRW   RT    B PEN  DATES/DAYS    AP MIN MAX R
01 POW          6413200            P  +    -         -  +  -   -   -  M
02 PRT                 11660300    P  +    -         -  +  -   -   -  M
03 FOW          5643700            F  +    -         -  +  -   -   -  M
04 FRT                 10261100    F  +    -         -  +  -   -   -  M
05 JWOW         4091100            J  +    -           67+ -   -   -  M
06 JXOW         3926200            J  +    -        12345+ -   -   -  M
```

❷ BKKSEL 11월1일 출발 TG 항공과 KE운임으로 조회

```
FQDBKKSEL/D1NOV/ATG,KE
```

```
R01NOV19**01NOV19/BKKSEL/NSP;EH/TPM  2286/MPM  2743
LN FARE BASIS   OW   THB  RT   PEN  DATES  DAYS AP MIN MAX AL R
01 QLE6ZFSK             13250  +  S30NOVB31MAR+30  -   3M  KE R
02 QLE2ZFSK             13850  +  S30NOVB31MAR+21  -   3M  KE R
03 W1LYTH               13925  -  S30NOVA01MAR+ -  -  12M+ TG R
04 WRLA1TH              14000  +  S30NOVA01MAY+30 2+   1M+ TG R
```

→ 낮은 운임 항공사 순으로 조회됨

다. 항공사 리스트 제외하고, 낮은 운임 순으로 조회

해당 구간에 운임이 있는 항공사 리스트를 제외하고 조회하며, 낮은 운임이 먼저 조회되도록 지정한다.

```
FQDSELMNL/AOZ/IL,X
```

IL : 항공사 리스트 제외하고 조회, IX : 낮은 운임 순으로 조회

※ IL, IX처럼 같은 카테고리를 동시에 조회하는 경우, 뒤의 조건은 영문 I를 생략하고 ',' 로 연결하여 조회한다.

```
FQDSELMNL/AOZ/IL,X
ROE 1121.498215 UP TO 100.00 KRW → 항공사 리스트 없이 낮은 운임 순으로 조회됨
07FEB19**07FEB19/OZ SELMNL/NSP;EH/TPM  1627/MPM  1952
LN FARE BASIS   OW   KRW  RT   B PEN  DATES/DAYS   AP MIN MAX R
01 VHKS                  460000 V  +  S21DEC 28FEB+ -    -    -  R
02 SHKS                  490000 S  +  S21DEC 28FEB+ -    -    -  R
03 KHKS                  520000 K  +  S21DEC 28FEB+ -    -    -  R
04 QHKS                  550000 Q  +  S21DEC 28FEB+ -    -    -  R
05 EHKS                  580000 E  +  S21DEC 28FEB+ -    -    -  R
```

라. 통화코드를 NUC로 조회(항공사 리스트 제외, KE 운임)

```
FQDSELLAX/AKE/IL/R,NUC
```

```
FQDSELLAX/AKE/IL/R,NUC
ROE 1121.498215 UP TO 100.00 KRW
07FEB19**07FEB19/KE SELLAX/NSP;PA/TPM  5973/MPM  7167
LN FARE BASIS      OW   NUC     RT    B PEN  DATES/DAYS  AP MIN MAX R
01 POW          5231.48                P +    -        - +-   -   -  M
02 PRT                        9511.74  P +    -        - +-   -   -  M
03 FOW          4603.75                F +    -        - +-   -   -  M
04 FRT                        8370.32  F +    -        - +-   -   -  M
05 JWOW         3652.16                J +    -          +-   -   -  M
```

마. 방향지표 지정조회

같은 목적지라도 방향지표에 따라 운임이 다르므로 승객 여정에 해당하는 방향지표를 지정하여 조회한다.

❶ **SELFRA 운임을 TS GI로 지정(VTS)하여 조회**(항공사 리스트 제외, KE 운임)

```
FQDSELFRA/AKE/IL/VTS
```

```
ROE 1121.498215 UP TO 100.00 KRW
07FEB19**07FEB19/KE SELFRA/NSP;TS/TPM  5360/MPM  8023
LN FARE BASIS    OW   KRW  RT   B PEN  DATES/DAYS   AP MIN MAX R
01 POW         6413200          P  +       -       -  +  -   -   -  M
02 PRT                 11660300 P  +       -       -  +  -   -   -  M
03 FOW         5643700          F  +       -       -  +  -   -   -  M
04 FRT                 10261100 F  +       -       -  +  -   -   -  M
05 JWOW        4091100          J  +       -         67+ -   -   -  M
```

❷ **SELFRA 운임을 EH GI로** (VEH)**지정하여 조회**(항공사 리스트 제외, KE 운임)

```
FQDSELFRA/AKE/IL/VEH
```

```
ROE 1121.498215 UP TO 100.00 KRW
07FEB19**07FEB19/KE SELFRA/NSP;EH/TPM ...../MPM  8478
LN FARE BASIS    OW   KRW  RT   B PEN  DATES/DAYS   AP MIN MAX R
01 FOW         5643700          F  +       -       -     -   -   -  M
02 FRT                 10261100 F  +       -       -     -   -   -  M
03 JOW         3926100          J  +       -       -     -   -   -  M
04 COW         3569100          C  +       -       -     -   -   -  M
05 JRT                  7138200 J  +       -       -     -   -   -  M
```

바. 승객 Type 지정 조회

소아, 유아, 학생 등 승객의 신분에 따른 운임을 조회 시 해당 신분 코드를 지정하여 조회한다.

❶ **SELSGN 구간 KE 소아운임 조회**(항공사리스트 제외, 낮은 운임 순)

```
FQDSELSGN/AKE/IL,X/R,-CH
```

```
ROE 1121.498215 UP TO 100.00 KRW
07FEB19**07FEB19/KE SELSGN/CH:EH/TPM  2223/MPM  2667
LN FARE BASIS    OW   KRW  RT   B PEN  DATES/DAYS   AP MIN MAX R
01 YRTKE                 937500 Y  +    -      -      -   -   -  R
02 YRT                   956700 Y  +    -      -      -   -   -  M
03 YOWKE         517500         Y  +    -      -      -   -   -  R
04 YOW           526200         Y  +    -      -      -   -   -  M
05 CRT                  1393700 C  +    -      -      -   -   -
```

❷ **SELSGN구간 KE 유아운임 조회**(항공사리스트 제외, 낮은 운임 순)

```
FQDSELSGN/AKE/IL,X/R,-IN
```

```
ROE 1121.498215 UP TO 100.00 KRW
07FEB19**07FEB19/KE SELSGN/IN:EH/TPM  2223/MPM  2667
LN FARE BASIS     OW    KRW  RT  B PEN  DATES/DAYS   AP MIN MAX R
01 EHEVZRKS                73000 E  +  S21DEC  28FEB   +  -    6M R
02 EHEVZR1S                79700 E  +  S21DEC  28FEB   +  -    6M R
03 HHE0ZRKS                81000 H  +  S21DEC  28FEB   -  -    6M R
04 EHEV0RKS       44000          E  +  S21DEC  28FEB   +  -     - R
05 HHE0ZR1S                89400 H  +  S21DEC  28FEB   -  -    6M R
06 MHE0ZRKS                94000 M  +  S21DEC  28FEB   -  -   12M R
```

사. 여러 조건을 동시에 지정하여 조회

```
FQDSELPAR/AKE/D1JUN/VTS/IL,X/R,NUC,-CH
```

```
FQDSELPAR/AKE/D1JUN/VTS/IL,X/R,NUC,-CH
ROE 1121.498215 UP TO 100.00 KRW
01JUN19**01JUN19/KE SELPAR/CH;TS/TPM  5626/MPM  8342
LN FARE BASIS  OW   NUC     RT     B PEN   DATES/DAYS AP MIN MAX R
01 YRT                  2332.92 Y  +    -          -   + -   -   -  M
02 YOW          1283.12         Y  +    -          -   + -   -   -  M
03 CXRT                 5786.18 C  +    -     12345+ -   -   -  M
04 CWRT                 6053.68 C  +    -        67+ -   -   -  M
05 CXOW         3182.43         C  +    -     12345+ -   -   -  M
06 JXRT                 6364.86 J  +    -     12345+ -   -   -  M
07 JWRT                 6632.36 J  +    -        67+ -   -   -  M
08 CWOW         3329.56         C  +    -        67+ -   -   -  M
```

FQD : 기본지시어　　　　　/ SELPAR : 출, 목적지

/ AKE : 대한항공 운임　　　　/ D1JUN : 6월1일 출발

/ VTS : V(Via) TS(Trans Siberian GI) TS지표 운임

/ IL,X : IL(항공사리스트 제외), IX(낮은 운임 순)

/R,NUC : NUC로 조회　　　　/ R ,-CH : 소아운임

■선택사항 지정 Entry별 정리

Entry	기능
FQDSELSIN/ASQ,KE,OZ	복수항공사 지정(최대 3개까지 가능)
FQDSELSIN/ASQ/D1MAR	미래날짜 지정 운임 조회
FQDSELSIN/AKE/CK	특정 Booking Class 지정
FQDSELPAR/AAF/VTS	특정 GI 지정
FQDSEKSIN/ASQ/IX	낮은 운임부터 높은 운임 순으로 조회

Entry	기능
FQDSELSIN/ASQ/IL	항공사 리스트 제외하고 조회
FQDSELSIN/ASQ/IH	1/2왕복(1/2RT)운임 조회
FQDSELSIN/ASQ/IO	편도운임 조회
FQDSELSIN/ASQ/IR	왕복운임 조회
FQDSELSIN/ASQ/IL,X,H	항공사리스트 제외, 낮은 운임 순, 1/2RT 운임 조회
FQDSELSIN/AOZ/R,NUC	NUC로 조회
FQDSELPAR/AKE/IL,X,O/R,NUC	항공사리스트제외, 낮은 운임 순, 편도운임을 NUC로 조회
FQDSELSIN/AKE/R,-CH-IN-SD	승객 Type지정 조회(최대 3개까지 가능)
FQDSELPAR/AKE/R,U	KE 판매가(Nego Fare) 조회
FQDSELPAR/AKE/R,UP	KE 공시운임과 판매가(Nego Fare) 모두 조회
FQDSELSEL/AKE/VRW	특정항공사 세계일주운임 조회

※ 공시운임(Published Fare) : 항공사가 부과할 수 있는 최고 운임상한선으로 IATA 및 출발지 국가의 승인을 받아 공시되는 운임

※ 판매가(Nego Fare) : 항공시장 내에서 가격경쟁을 위해 자사의 항공기를 이용하는 조건으로 운임을 낮게 설정하여 판매하고 있는 운임

3) 간편 지시어

운임화면(FQD)을 조회한 상태에서 Full Entry를 다시 입력하지 않고, 간단한 단축 지시어로 화면을 전환할 수 있도록 만든 기능이다.

지시어	기능
MPFQD	FQD 이후 다른 작업 중에 다시 기존운임화면으로 돌아가기
FQDN	NUC로 운임 조회
FQDL	출발지국 통화로 운임 조회
FQDR	역방향 운임 조회
FQDC	/Option사용하여 변환　　예) FQDC/ACX/D1MAR/R,NUC

연습문제

1. SELFRA 6월1일 출발, LH항공 탑승조건으로 항공사리스트 제외, 낮은 운임 순으로 조회하기 위한 지시어를 쓰시오.

2. SELPAR 오늘 출발 아시아나 항공 탑승조건으로 EH GI운임을 NUC로 조회하기 위한 지시어를 쓰시오.

3. 다음 운임화면을 조회하기 위한 지시어를 쓰시오.

```
ROE 1121.498215 UP TO 100.00 KRW
07FEB19**07FEB19/CX SELHKG/CH;EH/TPM  1295/MPM  1554
LN FARE BASIS     OW    KRW  RT   B PEN  DATES/DAYS   AP MIN MAX R
01 YRT3                   729800 Y  -       -       -      -   -  12M+M
02 YOW3           375900         Y  -       -       -      -   -  12M+M
03 WRT3                   877300 W  -       -       -      -   -  12M+M
04 WOW3           482600         W  -       -       -      -   -  12M+M
```

4. 승객의 여정이 6월1일 출발 SEL-SFO, 8월5일 SFO-SEL로 모두 KE를 이용하는 조건이라면 적용 가능한 가장 낮은 운임은 얼마인지 쓰시오.

5. 승객의 여정이 5월1일 출발 SEL-HKG, 12월3일 HKG-SEL로 모두 KE를 이용하는 조건이라면 적용 가능한 가장 낮은 운임은 얼마인지 쓰시오.

6. 다음 운임 화면을 조회하기 위한 지시어를 쓰시오.

```
ROE 0.874972 UP TO 1.00 EUR
15NOV19**15NOV19/LH FRASEL/NSP;TS/TPM  5360/MPM  8023
LN FARE BASIS     OW    EUR  RT   B PEN  DATES/DAYS   AP MIN MAX R
01 FCOUPON       10123     20246 F  -       -       -   + -    -  12M R
02 FFF77WW       10121     20242 F  -       -       -      -   -  12M M
03 FFFOWDE        8534           F  -       -       -   + -    -   -  R
04 JCOUPON        6469     12938 J  -       -       -   + -    -  12M R
```

3 Fare Rule 조회(HE FQN)

항공운임은 해당 운임별로 유효기간, 체류기한, 여정변경가능 여부 등 각기 다르게 적용되는 조건과 규정이 포함되어 있는데 이를 Fare Rule또는 Fare Note라고 하며 운임계산 시 반드시 이를 숙지하고 있어야 한다.

1) Fare Rule 조회 방법

운임 조회 후 운임번호를 지정하여 해당 운임이 가지고 있는 운임규정의 카테고리를 조회한 후 규정을 확인하는 방법과 카테고리 리스트를 조회하지 않고 직접 코드를 입력하여 확인하는 방법이 있다.

(1) Rule 카테고리 조회 후 확인 방법

❶ 운임 조회

```
FQDSELHKG/AKE/IL,X
```

```
FQDSELHKG/AKE/IL,X
ROE 1121.498215 UP TO 100.00 KRW
07FEB19**07FEB19/KE SELHKG/NSP;EH/TPM  1295/MPM  1554
LN FARE BASIS    OW   KRW  RT   B PEN  DATES/DAYS   AP MIN MAX R
01 EHEVZRKC              550000 E  +  S21DEC  01MAR+  +    -     6M R
02 HHE0ZRKC              610000 H  +  S21DEC  01MAR   -    -     6M R
```

❷ 1번 운임의 Rule Catetory 조회

```
FQN1
```

```
** RULES DISPLAY **
07FEB19**07FEB19/KE SELHKG/NSP;EH/TPM 1295/MPM 1554
LN FARE BASIS     OW   KRW  RT   B PEN  DATES/DAYS   AP MIN MAX R
01 EHEVZRKC              550000 E  +    S21DEC  01MAR+  + -    6M R
FCL: EHEVZRKC  TRF:  8 RULE: KC03 BK:  E
PTC: ADT-ADULT           FTC: XEX-REGULAR EXCURSION
OPTION LIST
  RU.RULE APPLICATION                  MX.MAX STAY
  SE.SEASONS                           SR.SALES RESTRICT
  TR.TVL RESTRICTION                   AP.ADVANCE RES/TKT
  FL.FLT APPLICATION                   CD.CHILD DISCOUNTS
  AD.AGTS DISCOUNTS                    OD.OTHER DISCOUNTS
  SO.STOPOVERS                         TF.TRANSFERS/RTGS
  SU.SURCHARGES                        TE.TKT ENDORSEMENT
  PE.PENALTIES                         CO.COMBINABILITY
  MD.MISCELLANEOUS DATA                VC.VOLUNTARY CHANGES
  VR.VOLUNTARY REFUNDS
       ****** SELECT CATEGORIES ******
```

❸ 카테고리 지정하여 조회

FQN1//AP	1번 운임의 사전예약/발권 규정(AP) 조회

```
** RULES DISPLAY **
07FEB19**07FEB19/KE SELHKG/NSP;EH/TPM 1295/MPM 1554
LN FARE BASIS     OW   KRW  RT   B PEN  DATES/DAYS   AP MIN MAX R
01 EHEVZRKC              550000 E  +    S21DEC  01MAR+  + -    6M R
FCL: EHEVZRKC  TRF:  8 RULE: KC03 BK:  E
PTC: ADT-ADULT           FTC: XEX-REGULAR EXCURSION
AP.ADVANCE RES/TKT
```

```
FOR EHEVZRKC TYPE FARES
  RESERVATIONS ARE REQUIRED FOR ALL SECTORS.
  WAITLIST NOT PERMITTED.
  TICKETING MUST BE COMPLETED WITHIN 3 DAYS AFTER
  RESERVATIONS ARE MADE.
```

예약은 모든 구간이 확약되어야 하며, 예약 후 3일 이내 발권이 완료되어야 한다.

(2) 카테고리 코드를 직접 지정하여 확인하는 방법(AP규정 조회)

❶ 운임조회

```
FQDSELLAX/D20FEB/AKE/IL,X
```

```
ROE 1121.498215 UP TO 100.00 KRW
20FEB19**20FEB19/KE SELLAX/NSP;PA/TPM  5973/MPM  7167
LN FARE BASIS   OW   KRW  RT   B PEN  DATES/DAYS   AP MIN MAX R
01 QLX7ZBYK              700000 Q  +        -    12345+  7+ -   12M  R
                                     S05FEB  31MAR
                                     A30JAN  B14FEB
02 QLW7ZBYK              820000 Q  +        -       67+  7+ -   12M  R
                                     S05FEB  31MAR
                                     A30JAN  B14FEB
```

❷ 1번 운임의 AP규정 조회

```
FQN1//AP
```

```
** RULES DISPLAY **
20FEB19**20FEB19/KE SELLAX/NSP;PA/TPM 5973/MPM 7167
LN FARE BASIS    OW   KRW  RT   B PEN  DATES/DAYS   AP MIN MAX R
01 QLX7ZBYK              700000 Q  +     -        12345+ 7+   -   12M R
                                         S05FEB 31MAR
                                         A30JAN B14FEB
FCL: QLX7ZBYK  TRF:  3 RULE: 6MSR BK:  Q
PTC: ADT-ADULT              FTC: XAP-ADVANCE PURCHASE EXCURSION
AP.ADVANCE RES/TKT
FOR QLX7ZBYK TYPE FARES

 RESERVATIONS FOR ALL SECTORS ARE REQUIRED AT LEAST 7 DAYS
 BEFORE DEPARTURE.
 TICKETING MUST BE COMPLETED WITHIN 3 DAYS AFTER
 RESERVATIONS ARE MADE OR AT LEAST 7 DAYS BEFORE DEPARTURE
 WHICHEVER IS EARLIER.
```

예약은 출발 7일 전까지 모두 확약되어야 하며, 항공권은 예약 후 3일 이내 또는 출발 7일 전에 발권해야 하며 그 중 더 빠른 규정을 적용한다.

예약 후 3일 이내	출발 전 7일
예약일 2월9일 + 예약 후 3일 2월 12일	출발일 2월 20일 - 출발일 7일 전 2월 13일

(3) 카테고리 코드를 직접 지정하여 확인하는 방법(PE규정 조회)

❶ 운임 조회

```
FQDSELLON/AKE/IL,X
```

```
FQDSELLON/AKE/IL,X
ROE 1121.498215 UP TO 100.00 KRW
07FEB19*07FEB19/KE SELLON/NSP;TS/TPM  5646/MPM  8366
LN FARE BASIS   OW  KRW  RT   B PEN  DATES/DAYS   AP MIN MAX R
01 ELX0ZRMK           1400000 E  +      -      12345+  +  -   12M  R
                                   S01NOV  31MAR
02 ELW0ZRMK           1500000 E  +      -         67+  +  -   12M  R
                                   S01NOV  31MAR
03 HLX0ZRMK           1600000 H  +      -      12345+  -  -   12M  R
                                   S01NOV  31MAR
```

❷ 1번 운임의 PE 규정 조회

```
FQN1//PE
```

```
**  RULES DISPLAY  **
07FEB19**07FEB19/KE SELLON/NSP;TS/TPM  5646/MPM  8366
LN FARE BASIS   OW  KRW  RT   B PEN  DATES/DAYS   AP MIN MAX R
01 ELX0ZRMK           1400000 E   +    -    12345+   +     -  12M R
                                  S01NOV  31MAR
FCL: ELX0ZRMK  TRF:  44 RULE: KR02 BK:  E
PTC: ADT-ADULT              FTC: XEX-REGULAR EXCURSION
PE.PENALTIES
BETWEEN KOREA, REPUBLIC OF AND AREA 2 FOR ELX0ZRMK TYPE FARES
```

```
CANCELLATIONS    취소 규정
 BEFORE DEPARTURE 출발 전 취소 시
  CHARGE KRW 300000 FOR CANCEL/REFUND.
  CHILD/INFANT DISCOUNTS APPLY.
  WAIVED FOR DEATH OF PASSENGER OR FAMILY MEMBER.
   NOTE -       취소 시점에 따른 위약금
    WITHIN 3 DAYS BEFORE DEPARTURE KRW300000
    14 DAYS - 04 DAYS BEFORE DEPARTURE KRW240000
    60 DAYS - 15 DAYS BEFORE DEPARTURE KRW200000
    90 DAYS - 61 DAYS BEFOER DEPARTURE KRW30000
    ---------------------------------------------------
 AFTER DEPARTURE 출발 후 취소 시
  CHARGE KRW 200000 FOR CANCEL/REFUND.
  CHILD/INFANT DISCOUNTS APPLY.
  WAIVED FOR DEATH OF PASSENGER OR FAMILY MEMBER.

CHANGES 변경
 ANY TIME
  CHANGES PERMITTED FOR REVALIDATION.(항공권 재발행 없는 단순 예약 변경)
  CHARGE KRW 120000 FOR REISSUE.(구간변경에 의한 항공권 재발행)
  CHILD/INFANT DISCOUNTS APPLY.
  WAIVED FOR DEATH OF PASSENGER OR FAMILY MEMBER.

CHANGES/CANCELLATIONS
 ANY TIME
  CHARGE KRW 120000 FOR NO-SHOW.(예약/발권 후 출발 당일 미탑승)
  CHILD/INFANT DISCOUNTS APPLY.
  WAIVED FOR DEATH OF PASSENGER OR FAMILY MEMBER.
```

(4) 카테고리 코드를 복수 지정하여 확인하는 방법(AP와 CD 규정 동시 조회)

❶ 운임 조회

```
FQDSELMNL/AKE/IL,X
```

```
ROE 1121.498215 UP TO 100.00 KRW
07FEB19**07FEB19/KE SELMNL/NSP;EH/TPM 1627/MPM 1952
LN FARE BASIS   OW   KRW  RT   B PEN  DATES/DAYS   AP MIN MAX R
01 EHEVZRKS              580000 E   +  S21DEC  28FEB   +  -     6M R
02 HHE0ZRKS              660000 H   +  S21DEC  28FEB   -  -     6M
```

❷ 1번 운임의 AP(사전발권 규정)와 CD(소아할인규정) **규정 조회**

```
FQN1//AP,CD
```

```
** RULES DISPLAY **
07FEB19**07FEB19/KE SELMNL/NSP;EH/TPM 1627/MPM 1952
LN FARE BASIS   OW   KRW  RT   B PEN  DATES/DAYS   AP MIN MAX R
01 EHEVZRKS              580000 E   +  S21DEC  28FEB   + -      6M R
FCL: EHEVZRKS  TRF:  8 RULE: KS03 BK:  E
PTC: ADT-ADULT              FTC: XEX-REGULAR EXCURSION
AP.ADVANCE RES/TKT
FOR EHEVZRKS TYPE FARES
  RESERVATIONS ARE REQUIRED FOR ALL SECTORS.
  WAITLIST NOT PERMITTED.
  TICKETING MUST BE COMPLETED WITHIN 3 DAYS AFTER
  RESERVATIONS ARE MADE.
       NOTE -  ALL SECTORS MUST BE CONFIRMED.

CD.CHILD DISCOUNTS
  ACCOMPANIED CHILD 2-11 - CHARGE 75 PERCENT OF THE FARE.
       TICKET DESIGNATOR - CH AND PERCENT OF DISCOUNT.
    MUST BE ACCOMPANIED ON ALL FLIGHTS IN SAME COMPARTMENT
      BY ADULT 18 OR OLDER.
  UNACCOMPANIED CHILD 5-11 - CHARGE 100 PERCENT OF THE FARE.
```

2) Fare Rule 카테고리(예)

RU.RULE APPLICATION

EXCURSION FARES FROM KOREA TO SOUTHEAST ASIA
(한국출발 동남아행 일주운임 적용)

AREA (지역)

THESE FARES APPLY FROM KOREA, REPUBLIC OF TO SOUTHEAST ASIA.
(이 운임은 한국출발 동남아행에 적용한다)

CLASS OF SERVICE (서비스 클래스)

THESE FARES APPLY FOR ECONOMY CLASS SERVICE.
(이 운임은 이코노미서비스 클래스에 적용한다)

TYPES OF TRANSPORTATION(운송형태)

THIS RULE GOVERNS ROUND-TRIP FARES.(왕복여정에 적용)
FARES GOVERNED BY THIS RULE CAN BE USED TO CREATE ROUND-TRIP/CIRCLE-TRIP/OPEN-JAW JOURNEYS.
(이 운임은 왕복/일주/가위벌린 여정에 대해 적용가능하다)

ORIGIN OPEN JAW - OPEN JAW SECTOR MUST BE IN COUNTRY OF UNIT ORIGIN
(출발지 가위벌린 여정 구간은 최초 출발국가로 돌아오는 여정이어야 한다)

CAPACITY LIMITATIONS (탑승제한)

THE CARRIER SHALL LIMIT THE NUMBER OF PASSENGERS CARRIED ON ANY ONE FLIGHT AT FARES GOVERNED BY THIS RULE AND SUCH FARES WILL NOT NECESSARILY BE AVAILABLE ON ALL FLIGHTS. THE NUMBER OF SEATS WHICH THE CARRIER SHALL MAKE AVAILABLE ON A GIVEN FLIGHT WILL BE DETERMINED BY THE CARRIERS BEST JUDGMENT
(항공사는 동 운임의 판매가능 좌석 수를 항공사의 판단에 따라 제한할 수 있다)

MX.MAX STAY (최대체류기간)

FOR ROUND TRIP MHEKS TYPE FARES
TRAVEL FROM LAST STOPOVER MUST COMMENCE NO LATER THAN 12 MONTHS AFTER DEPARTURE FROM FARE ORIGIN.
(최초 출발일로부터 12개월 이내 마지막 STOPOVER지점에서 출발조건)

SE.SEASONS (시즌)

BETWEEN KOREA, REPUBLIC OF AND SOUTHEAST ASIA FOR HIGH SEASON FARES

(한국-동남아시아 성수기운임)

PERMITTED 30APR THROUGH 03MAY OR 25JUL THROUGH 15AUG OR 17SEP THROUGH 19SEP OR 13DEC THROUGH 28FEB ON THE FIRST INTERNATIONAL SECTOR.

(30APR~03MAY , 25JUL~15AUG ,17SEP~19SEP, 13DEC~28FEB 사이에 국제선 첫구간의 여행을 개시해야 한다)

SR.SALES RESTRICT (판매제한)

TICKETS MUST BE ISSUED ON/AFTER 01APR 14.

(1APR14 이후 발권조건이다)

TR.TVL RESTRICTION (여행일자 제한)

NONE UNLESS OTHERWISE SPECIFIED (제한없음)

AP.ADVANCE RES/TKT (사전예약/발권)

WAITLIST NOT PERMITTED. OPEN RETURNS PERMITTE

OUTBOUND MUST BE CONFIRMED.

(대기예약은 허용되지 않고, 복편의 OPEN은 허용, Outbound는 확약조건)

CD.CHILD DISCOUNTS (소아할인)

ACCOMPANIED CHILD 2-11 - CHARGE 75 PERCENT OF THE FARE.

TICKET DESIGNATOR - CH AND PERCENT OF DISCOUNT.

MUST BE ACCOMPANIED ON ALL FLIGHTS IN SAME COMPARTMENT BY ADULT 18 OR OLDER

(2~11세 동반소아-운임의 75% 징수, Ticket Designator에 CH와 할인율을 기재)

OR - UNACCOMPANIED CHILD 5-11 - CHARGE 100 PERCENT OF THE FARE.

ANY CHILD UNDER 5 YEARS OF AGE WILL NOT BE ACCEPTED FOR CARRIAGE IF NOT ACCOMPANIED BY AN ADULT PASSENGER.

(5-11세의 비동반소아-운임의 100% 징수, 5세 미만은 비동반소아로 탑승불가)

INFANT UNDER 2 WITH A SEAT – CHARGE 75 PERCENT OF THE FARE. TICKET DESIGNATOR – CH AND PERCENT OF DISCOUNT.
MUST BE ACCOMPANIED ON ALL FLIGHTS IN SAME COMPARTMENT BY ADULT 18 OR OLDER
(좌석을 차지하는 2세 미만의 유아-운임의 75% 징수, Ticket Designator에 CH와 할인율 기재 반드시 18세 이상의 성인이 같은 비행기의 같은 구역 좌석에 동반해야 함)
OR – 1ST INFANT UNDER 2 WITHOUT A SEAT – CHARGE 10 PERCENT OF THE FARE. TICKET DESIGNATOR – IN AND PERCENT OF DISCOUNT. MUST BE ACCOMPANIED ON ALL FLIGHTS IN SAME COMPARTMENT BY ADULT 18 OR OLDER.
(또한 좌석을 차지하지 않는 2세 미만의 유아-운임의 10% 징수, Ticket Designator에 CH와 할인율 기재 반드시 18세 이상의 성인이 같은 비행기의 같은 구역 좌석에 동반해야 함)

AD.AGTS DISCOUNTS (여행사직원 할인)
NONE UNLESS OTHERWISE SPECIFIED (없음)

OD.OTHER DISCOUNTS (기타할인)
NONE UNLESS OTHERWISE SPECIFIED (없음)

SO.STOPOVERS (도중체류)
UNLIMITED STOPOVERS PERMITTED ON THE PRICING UNIT.(무제한)

SU.SURCHARGES (할증료)
BETWEEN THAILAND AND KOREA, REPUBLIC OF(한국과태국간)
IF INFANT UNDER 02 WITHOUT A SEAT THERE IS NO CHARGE FOR TRAVEL.
(2세 미만의 좌석비점유유아는 유류할증료를 징수하지 않는다)
ORIGINATING THAILAND-
A SURCHARGE OF USD 86.00 PER FARE COMPONENT WILL BE ADDED TO THE APPLICABLE FARE FOR TRAVEL.
(최초 태국출발 시 -할증료 USD86.00을 운임에 추가하여 마디당 징수한다)
NOTE –
THE SURCHARGE APPLIES IN ADDITION TO ALL OTHER CHARGES AND IS NOT SUBJECT TO ANY DISCOUNT –

INCLUDING THOSE FOR CHILDREN.
THE SURCHARGE MUST BE COLLECTED AT TIME OF TICKET ISSUANCE AND WILL BE INCORPORATED IN THE FARE CALCULATION AS A -Q- SURCHARGE BY CONVERTING THE SURCHARGE INTO NUC USING THE APPLICABLE IATA RATE OF EXCHANGE /IROE/.
(할증은 운임에 추가로 부과되며, 소아를 포함한 모든 승객에 대해 할인적용은 불가하다. 할증금은 발권 시 징수하며 IATA ROE를 사용하여 NUC로 환산하여 운임계산 내역에 Q로 표시한다)
ORIGINATING KOREA, REPUBLIC OF -
FOR TICKETING ON/BEFORE 31JAN 15 (한국출발 31JAN15 이전 발권 시)
A SURCHARGE OF USD 22.00 PER FARE COMPONENT WILL BE ADDED TO THE APPLICABLE FARE FOR TRAVEL.
(할증료 USD22.00을 적용운임에 추가하여 마디당 징수한다)

PE.PENALTIES (패널티)

CANCELLATIONS (취소)

ANY TIME (상시)
CHARGE KRW 50000 FOR CANCEL/NO-SHOW/REFUND.
CHILD/INFANT DISCOUNTS APPLY.
(취소/NO-SHOW/환불시수수료 50000KRW징수, 소아/유아할인 적용가능)
WAIVED FOR DEATH OF PASSENGER OR FAMILY MEMBER.
(본인 또는 가족사망시 면제)
NOTE -
1/PENALTY DOES NOT APPLY FOR INFANT NOT OCCUPYING A SEAT
2/WAIVER APPLIES TO DEATH OF THE PASSENGER/ IMMEDIATE FAMILY MEMBER VALID DEATH CERTIFICATE REQUIRED.
3/IN CASE OF COMBINATION OF FARES THE MOST RESTRICTIVE RULE APPLIES PER PRICING UNIT.
(주 1. 좌석비점유 유아는 적용하지 않음
2. 본인, 가족사망의 경우 면제가능하나 관련증빙서 첨부해야 함
3. 운임이 결합된 경우 더 제한적인 규정이 적용됨)

CHANGES (변경)

ANY TIME (상시)

CHANGES PERMITTED FOR REVALIDATION. CHARGE KRW 50000 FOR REISSUE.(REVALIDATION허용하나 재발행시 KRW 50000징수)

WAIVED FOR DEATH OF PASSENGER OR FAMILY MEMBER.

(본인이나 가족사망시 면제)

CO.COMBINABILITY

FOR ROUND TRIP REGULAR EXCURSION FARES(왕복 정상일주문임)

END-ON-END (END-ON-END결합)

END-ON-END COMBINATIONS PERMITTED. VALIDATE ALL FARE COMPONENTS. FARES MUST BE SHOWN SEPARATELY ON THE TICKET. SIDE TRIPS PERMITTED.(결합가능, Side-Trip도 허용)

PROVIDED -

COMBINATIONS ARE WITH ANY RULE IN ANY PUBLIC TARIFF.

OPEN JAWS/ROUND TRIPS/CIRCLE TRIPS

FARES MAY BE COMBINED ON A HALF ROUND TRIP BASIS

-TO FORM SINGLE OR DOUBLE OPEN JAWS WITH KE FARES WHICH CONSISTS OF NO MORE THAN 2 INTERNATIONAL FARE COMPONENTS AND THE OPEN SEGMENT AT ORIGIN MUST BE IN ONE COUNTRY. THE OPEN SEGMENT AT DESTINATION HAS NO RESTRICTIONS (가위벌린여정은 2/1RT로 결합하여 사용가능하다. 가위벌린여정은 KE운임을 사용하고 2개 이내의 국제선 운임 마디로 구성되어야 하며 출발지 가위벌린여정의 경우 출발국가는 동일국가여야 한다)

-TO FORM ROUND TRIPS

-TO FORM CIRCLE TRIPS EXCEPT FOR AROUND-THE-WORLD FARES.

PROVIDED -

COMBINATIONS ARE WITH ANY FARE FOR CARRIER KE IN THIS RULE AND TARIFF OR WITH FARES IN RULE KC03/KI03/KT03 IN TARIF IPRPG - WITHIN AREA 3-INTERNATIONAL.

(왕복/일주여정(단 세계일주여정 제외)은 2/1RT결합가능

KE, IPPRG TARIF RULE번호 KC03/KI03/KT03운임사용조건)

4 TAX 조회(HE TAX)

항공권 발행 시에는 항공 운임(air fare) 외에 국제선 여객 운송을 위한 각종 부과금(공항이용료, 출국세, 발전 기금 등)이 Tax로 징수된다. 항공요금에 부과하여 징수되는 국가별 Tax 정보는 국가코드 또는 도시코드를 이용하여 조회할 수 있으며 Tax 종류 및 적용방법, 조건, 금액, Tax Code에 대한 상세한 정보를 확인할 수 있다.

1) 기본지시어

(1) 한국출발 Tax 조회

FQNTAX/KR 또는 FQNTAX/SEL

```
KR SOUTH KOREA
REPUBLIC OF KOREA TAX INFORMATION
** TAXES COLLECTABLE ON TICKET **
                                        TAX CODE
1. INTERNATIONAL PSC,DEPARTURE TAX
   AND GLOBAL DISEASE ERADICATION FUND    BP  출국세 및 질병퇴치기금

2. DOMESTIC PASSENGER SERVICE CHARGE      DA  국내선 이용료
------------------------------------------------------------------
1. INTERNATIONAL PSC,DEPARTURE TAX AND GLOBAL DISEASE
   ERADICATION FUND
TAX CODE ON TICKET: * BP *

INTERNAL TAX TYPE : ( DP )
- INTERNATIONAL DEPARTURE FROM SEOUL (ICN)  : KRW 28000
- INTERNATIONAL DEPARTURE FROM SEOUL (GMP)  : KRW 28000
- INTERNATIONAL DEPARTURE FROM BUSAN (PUS)  : KRW 23000
- INTERNATIONAL DEPARTURE FROM JEJU  (CJU)  : KRW 23000
- INTERNATIONAL DEPARTURE FROM DAEGU (TAE)  : KRW 23000
- INTERNATIONAL DEPARTURE FROM GWANGJU (KWJ): KRW 23000
```

- INTERNATIONAL DEPARTURE FROM CHEONGJU (CJJ): KRW 23000
- INTERNATIONAL DEPARTURE FROM YANGYANG (YNY): KRW 23000
- INTERNATIONAL DEPARTURE FROM MUAN (MWX) : KRW 23000

////TRANSFER PASSENGERS(24 HRS) BETWEEN INT'L FLIGHTS////
///AT SAME AIRPORT (ICN,GMP,PUS,CJU,TAE,CJJ,YNY,MWX)///
/////COLLECT KRW 10000/////

EXEMPTIONS: **면제대상**
- INFANTS UNDER TWO (2) YEARS OF AGE
- DIRECT TRANSIT PASSENGERS DEPARTING ON THE SAME FLIGHT AT ICN,GMP,PUS,CJU,TAE,CJJ,YNY,MWX
- HOLDERS OF KOREAN DIPLOMATIC PASSPORT
- THE PERSON WHO IS BEING DEPORTED DUE TO INADMISSIBILITY
- AIRLINE CREW ON DUTY (EXCEPT OZ KE BR B7)
- MEMBERS AND MILITARY EMPLOYEES OF UNARMED FORCES IN KOREA,
TRAVELLING ON DUTY
- CHILDREN ADOPTED OVERSEAS AND GUARDIAN OF THEM
- THE FOREIGN DEPORTEE WHO IS BEING DEPORTED AT THE EXPENSE OF GOVERNMENT
- TAX IS EXEMPT FOR TRAVEL ON 9B.

EXAMPLES OF APPLICATION: **적용 예**
- HND/XGMP/SHA : CONNECTING FROM INTERNATIONAL TO INT'L AT THE SAME APT, KRW10000 APPLY
- NRT/XPUS/BKK : CONNECTING FROM INTERNATIONAL TO INT'L AT THE SAME APT, KRW10000 APPLY
- HND/GMP-X/ICN/FRA : INTERNATIONAL DEPARTURE (CONNECTING BETWEEN DIFFERENT AIRPORTS), KRW28000 APPLY
- PUS/XICN/FRA : INTERNATIONAL DEPARTURE (CONNECTING FROM DOMESTIC TO INTERNATIONAL) , KRW28000 APPLY

(2) US Tax 조회

```
FQNTAX/US
```

```
US UNITED STATES
**************************************************************
 *** INTERNATIONAL US TAXES ***
 ** TAXES COLLECTABLE ON TICKET **   징수항목별 코드 및 금액
1. US INTL TRANSPORTATION TAX   항공운송세 (US) - USD18.60
2. US CUSTOMS USER FEE          세관검사료 (YC) - USD 5.65
3. US INS USER FEE              입국심사료 (XY) - USD 7.00
4. US APHIS FEE                 동식물검사료(XA) - USD 3.96
```

2) Tax Code의 상세정보 조회

`FQNTAX/US/US` 미국의 Tax Code US에 대한 정보 조회

```
US UNITED STATES
1. INTERNATIONAL TRANSPORTATION TAX
(FOR TAX CODE 'US' SEE ALSO DOMESTIC TAXES 'US/DOM')
TAX CODE ON TICKET: * US *  INTERNAL DEP TAX TYPE: (AP)
TAX CODE ON TICKET: * US *  INTERNAL ARR TAX TYPE: (AS)

US INTL TRANSPORTATION TAX USD18.60  출도착 시 항공운송세 18.60 징수

(ARRIVALS/DEPARTURES)  APPLIES TO ANY INTERNATIONAL AIR
TRANSPORTATION COMMENCING OR TERMINATING IN THE USA.
```

참고 **Fuel Surcharge - 유류할증료**

정부인가제인 항공운임은 실제 판매로 반영되기까지 시간이 소요되는데 항공기 운항비용에 큰 비중을 차지하는 항공유의 가격변동을 운임에 포함해서 반영할 경우 안정적인 항공운임 운영이 어려우므로 항공운임과 별도로 할증료를 부과하는 것을 Fuel Surcharge : FSC라고 한다.

대한항공의 경우 유류할증료를 항공권상 Tax Code 'YR'로 반영된다.

가. 한국출발 운임 유류할증료 책정 기준

- 국적기 기준으로 국제선은 싱가폴 항공유의 한 달 평균가가 갤런당 150센트 이상일 때 부과
- 갤런당 10센트 추가상승 시 1단계씩 상승 총 10단계로 운영
- 국제선 운항거리별 차등 적용
- 항공권상 탑승일자가 아닌 발권일자기준으로 적용하며 매달 고지된다.

나. 적용 예

SELPAR 운임 산출 시 유류할증료(YR) 16,800원 부과(해당 항공권 발권일 기준)

```
FCP  AL  BK TPM   MPM   EMA  EMS R GI CC  NVB  NVA   BG
SEL
PAR  KE  Y  5626  8342            M TS KE      11FEB  1P
FARE BASIS:YOW            AMOUNT IN NUC:       1710.83

TOTAL FARE CALCULATION:                        1710.83
ROE: 1121.498215           FARE KRW:           1918700
TAX: YRVA         16800  BPDP          28000
TOTAL:                                         1963500
```

5 IATA ROE 조회

NUC로 계산된 운임을 각국의 통화환율로 환산하기 위한 ROE를 확인하는 기능이며, 통화코드나 국가코드, 도시코드를 이용하여 조회하고, 필요 시 과거 12개월 전까지의 ROE를 조회할 수 있다.

1) 기본지시어

❶ 통화코드로 확인

```
FQAKRW
```

```
FQAKRW
          EFF 01FEB19 ***  DISC INDEF
1 NUC  1121.498215 KRW      ROUNDING UP TO     100.00  KRW
          NUC - NEUTRAL UNIT OF CONSTRUCTION
KRW - S.KOREAN WON
```

❷ 도시코드로 확인

```
FQA*TYO
```

```
FQA*TYO
          EFF 01FEB19 ***  DISC INDEF
1 NUC   108.387898 JPY      ROUNDING UP TO     100.00  JPY
NUC - NEUTRAL UNIT OF CONSTRUCTION
JPY - JAPANESE YEN
```

❸ 국가코드로 확인

FQA*AU

```
FQA*AU
          EFF 01FEB19 ***  DISC INDEF
1 NUC     1.407759 AUD          ROUNDING UP TO  1.00  AUD
NUC - NEUTRAL UNIT OF CONSTRUCTION
AUD - AUSTRALIAN DLR
```

2) 과거일 지정 조회

FQAKRW/01MAR18 2018년 3월1일 기준 ROE 조회

```
FQAKRW/01MAR18
          EFF 01MAR18 ***  DISC INDEF
1 NUC     1089.320 KRW        ROUNDING UP TO   100.00  KRW
NUC - NEUTRAL UNIT OF CONSTRUCTION
KRW - S.KOREAN WON
```

연습문제

1. 특정 구간 운임 조회(FQD) 후 2번 운임의 Rule Category를 확인하는 지시어를 쓰시오.

2. 오늘 출발 ICNHNL구간 OZ항공의 FARE를 조회하고 2번 운임의 NOSHOW Penalty 금액을 쓰시오.

3. 8월1일 SEL-BKK 구간에 대한 운임 조회 후 3번 운임에 대해 AP규정과 소아할인규정을 동시에 확인하는 지시어를 쓰시오.

4. 2월 27일 출발하는 SEL YVR구간 KE 운임 조회 후 AP규정이 아래와 같이 확인되었다면 발권은 언제까지 해야 하는지 날짜를 쓰시오.(예약작성일 2월4일)

```
TICKETING MUST BE COMPLETED WITHIN 3 DAYS AFTER
RESERVATIONS ARE MADE OR AT LEAST 21 DAYS BEFORE DEPARTURE
WHICHEVER IS EARLIER.
```

5. 3월10일 출발 SEL LAX구간 KE 운임의 취소/환불 Penalty 조회 결과이다. 발권 후 승객이 3월 5일에 환불을 요청하였다면 지불해야 할 Penalty는 얼마인지 쓰시오.

```
BEFORE DEPARTURE
   CHARGE KRW 300000 FOR CANCEL/REFUND.
   CHILD/INFANT DISCOUNTS APPLY.
   WAIVED FOR DEATH OF PASSENGER OR FAMILY MEMBER.
     NOTE -
     WITHIN 3DAYS BEFORE DEPARTURE KRW300000
     14DAYS - 04DAYS BEFORE DEPARTURE KRW240000
     60DAYS - 15DAYS BEFORE DEPARTURE KRW200000
     90DAYS - 61DAYS BEFORE DEPARTURE KRW30000
```

제4장

항공운임 산출

제4장

항공운임 산출

1 항공운임 계산 방법

항공운임은 승객의 여행기간과 여행형태 등의 조건에 따라 운임을 산출하는 절차가 필요하다. 승객의 항공여정은 일반적으로 출발지점으로부터 다른 한 지점까지 단순편도나 단순왕복의 여행형태보다는 '서울 뉴욕 파리 런던 서울' 같은 여정처럼 최초 출발지와 목적지 사이에 여러 도시를 경유하는 형태가 많다. 이때 경유하는 구간별로 운임을 합산하는 방식으로 운임을 산출하면 항공운임이 매우 비싸지게 된다. 그러므로 다구간(multi-sector) 여정이라는 항공 여정의 특성을 감안해 구간별 운임을 합산하는 방식이 아니라 여러 구간을 하나의 단위로 간주하여 산출하는 방식을 취하게 된다.

항공운임 산출 방식은 크게 거리제도(Milage System)와 여정제도(Routing System)로 나눈다. 거리제도(Milage System)는 기본적으로 승객이 여행한 거리를 중심으로 운임을 계산하는 제도이며, 여정제도(Routing System)는 항공사가 운임과 함께 경유 도시 및 이용 항공사를 공시하고, 승객의 여정이 이에 부합할 경우 해당 운임을 적용하는 제도이다.

1) Mileage System(거리제도)

(1) Mileage System 개념

승객이 여행한 거리에 의해 운임이 결정되는 방식으로 승객이 중간 지점을 경유하여 여행할 때 다음의 3가지 요소를 비교하여 운임을 산출하는 방식이다.

(2) Mileage System의 3대 요소

❶ TPM(발권구간거리 : Ticketed Point Mileage)

승객이 여행하는 구간의 실제거리를 의미하며, 이의 합계를 산출하여 MPM과 비교하게 된다. TPM은 항공편이 취항하는 구간에만 설정되어 있다.

```
FQM  SEL  HKG  PAR

CTY  DC  TPM  CUM  MPM  DC LVL  HGL  LWL  25M  XTRA
SEL 3
HKG 3 EH  1295  1295  1554  EH  0M  259   0   1942   0
PAR 2 EH  5956  7251 8689   EH  0M  1438  0   10861  0
```

❷ MPM(최대허용거리 : Maximum Permitted Milaege)

출발지에 해당 지점 간의 공시운임으로 여행할 수 있는 최대허용거리를 의미하며, 해당 구간의 실제거리보다 15~20% 정도 많게 설정되어 있으므로 출목적지 사이에 중간 지점을 경유하더라도 운임의 변화없이 여행을 가능하게 한다. MPM은 두 지점 사이에 항공기가 운항하지 않더라도 설정되어 있으며 방향지표(GI)별로 다르게 공시되어 있다.

```
FQM  SEL  HKG  PAR

CTY  DC  TPM  CUM  MPM  DC  LVL  HGL  LWL  25M  XTRA
SEL 3
HKG 3 EH  1295  1295  1554  EH  0M  259   0   1942   0
PAR 2 EH  5956  7251  8689  EH  0M  1438  0   10861  0
```

- SELPAR MPM(8689)이 각 구간의 TPM의 합(7251)보다 크므로 HKG을 경유하더라도 SELPAR 직행 운임 적용 가능

❸ EMS(초과거리할증 : Excess Mileage Surcharge)

승객이 여러 지점을 경유할 경우 전체 발권구간거리(Total TPM)가 MPM보다 크게 되는 경우에 적용하며, Total TPM 중 MPM 초과분을 백분율로 계산하여 해당 운임마디 내 적용운임을 단계별로 할증하여 최종 운임을 산출한다. 운임할증은 5%, 10%, 15%, 20%, 25% 5단계로 실시한다. 할증률 25% 초과 시 EXC로 표시되며 하나의 운임마디로 계산할 수 없다.

```
FQM  SEL  SIN  PAR

CTY   DC  TPM   CUM   MPM  DC  LVL  <HGL  >LWL   25M  XTRA
SEL  3
SIN  3 EH  2883  2883  3459  EH   0M   576     0    4323    0
PAR  2 EH  6659  9542  8689  EH  10M    15   419   10861    0
```

■ 각 구간의 TPM의 합(9542)이 SELPAR MPM(8689)보다 크므로(10% 범위 내) SELPAR 직행 운임의 10% 할증된 운임으로 SIN 경유 가능

■거리초과 비율에 따른 할증률

거리초과비율	운임할증률	운임적용
0% 초과 5%이하	5%(5M)	해당운임×1.05
5% 초과 10% 이하	10%(10M)	해당운임×1.10
10% 초과 15% 이하	15%(15M)	해당운임×1.15
15% 초과 20% 이하	20%(20M)	해당운임×1.20
20% 초과 25% 이하	25%(25M)	해당운임×1.25

※ 거리초과비율 = Total TPM ÷ MPM × 100

예) 출발지/목적지 운임 : NUC 1124.56

MPM 14452 mile / total TPM : 15634 mile

EMS의 계산 : 15634 ÷ 14452 = 1.08178798........ → 0.0817×100 = 8.17%

(8.17%는 거리초과 비율 5~10%에 해당하여, 운임할증은 10%로 결정)

운임할증 : NUC 1124.56 × 1.10 = 1237.01

(3) Mileage System의 기본적용 절차

Mileage System의 기본 적용 절차는 3가지 방법이 있다.

- Fare System을 사용한 운임계산
- 자동운임 계산
- 직접 계산하는 수동운임계산이 있다.

Fare System을 사용하는 방법은 운임 내역과 TPM, MPM 등을 Fare System에서 찾아가며 운임을 산출한다. 수동운임계산은 운임책자 및 TPM, MPM 책자에서 내용을 찾아 수동적으로 운임을 산출하는 것을 의미하므로 현재 실제적으로는 Fare System을 사용하는 방법으로 전환되었다. 그러므로, 여기에서는 Fare System을 사용하는 수동적 운임 산출방법을 설명하기로 한다.

가. 마일리지 조회 (HE FQM)

마일리지 시스템으로 계산하는 방식은 승객여정의 실제 여행거리(TPM) 및 최대 허용거리(MPM)를 비교하기 위하여 운임 마디별 마일리지 조회가 필요하다. 최대 29개 도시까지 확인이 가능하며 날짜, GI, 비 항공운송 구간 등의 지정도 가능하다.

예 1) SEL에서 KUL경유하여 PAR까지 가는 여정의 마일리지 조회

```
FQMSELKULPAR
```

CTY	DC	TPM	CUM	MPM	DC	LVL	<HGL	>LWL	25M	XTRA
SEL	3									
KUL	3 EH	2867	2867	3440	EH	0M	573	0	4300	0
PAR	2 EH	6471	9338	8683	EH	**10M**	213	221	10853	0

■ SELPAR 운임의 10% 할증된 운임으로 KUL를 경유하여 PAR까지 갈 수 있다.

CTY	도시코드
DC	구간별 GI(Global Indicator) 코드
TPM	두 도시 간 Ticketed Pointed Mileage
CUM	출발지로부터 TPM의 합

CTY	도시코드
MPM	출발지로부터 도시별 최대허용거리
DC	누적 GI
LVL	MPM 대비 TPM할증률(5M, 10M, 15M, 20M,25M, EXC)
HGL	다음 초과율에 도달하기까지 남은 거리
LWL	이전 초과율에 도달하기까지 남은 거리
10M	10M 할증 시 MPM값
XTRA	Extra Mileage 허용마일

예 2) SEL 출발 TYO를 경유하여 BKK까지 가는 여정의 마일리지 조회

```
FQMSELTYOBKK
```

CTY	DC	TPM	CUM	MPM	DC	LVL	<HGL	>LWL	25M	XTRA
SEL	3									
TYO	3 EH	758	758	909	EH	0M	151	0	1136	0
BKK	3 EH	2869	3627	2743	EH	**EXC**	0	199	3428	0

■ 허용마일초과로(EXC) SELBKK운임으로 TYO를 경유하여 갈 수 없으므로 TYO에서 운임 마디를 나누어 계산해야 한다.

예 3) SEL 출발 TYO, BKK 경유하여 PAR까지 가는 여정의 마일리지 조회

```
FQMSELTYOBKKPAR
```

CTY	DC	TPM	CUM	MPM	DC	LVL	<HGL	>LWL	25M	XTRA
SEL	3									
TYO	3 EH	758	758	909	EH	0M	151	0	1136	0
BKK	3 EH	2869	3627	2743	EH	EXC	0	199	3428	0
PAR	2 EH	5858	9485	8683	EH	**10M**	66	368	10853	0

■ 경유지에 EXC가 있어도 최종 LVL이 25M 이내이면 운임 마디를 나누지 않고 최종 할증률(10%)을 적용한다.

나. Fare System을 사용한 수동 운임산출 과정(여정 예 : SEL/SIN/LON)

① 출발지/목적지의 MPM과 전 여정 TPM의 합(Total TPM)을 비교하고 해당 GI(Global Indicator)를 확인한다.

```
FQMSELSINLON
```

```
CTY    DC TPM   CUM   MPM  DC  LVL  <HGL  >LWL  25M   XTRA

SEL 3
SIN 3   EH  2883  2883  3459  EH   0M    576     0    4323   0
LON 2   EH  6742  9625  8913  EH  10M    179   267   11141   0
```

■ MPM이 Total TPM보다 10% 초과, 최종 GI는 EH로 조회됨. 즉, 출목적지 운임의 10% 할증된 운임으로 중간 경유지 SIN을 경유할 수 있음

② 출발지/목적지의 공시운임(NUC)을 확인한다.

```
FQDSELLON/A/KE/IL,X,O/VEH/R,NUC
```

```
FQDSELLON/AKE/IL,X,O/VEH/R,NUC
ROE 1121.498215 UP TO 100.00 KRW
08FEB19**08FEB19/KE SELLON/NSP;EH/TPM ...../MPM  8918
LN FARE BASIS   OW   NUC  RT   B PEN  DATES/DAYS   AP MIN MAX R
01 YOW        1710.83          Y  +    - -    - - -  M
```

③ 조회된 운임에 할증을 적용하고 출발지국 통화로 환산한다.

– 할증적용 1710.83×1.1(10M)=1881.91

```
FQC1881.91NUC/KRW
```

CONVERSION OF NUC TO KRW
KRW 2110600 - ROUNDED AS FARES → SELSINLON 최종 운임
KRW 2110558 - AMOUNT TRUNCATED
ROE USED 1 NUC = 1121.498215 KRW EFF 01FEB19

ROUNDING OF FARES UP TO 100 KRW

NUC - NEUTRAL UNIT OF CONSTRUCTION
KRW - S.KOREAN WON

연습문제

1. 다음 여정의 최대 허용마일(MPM)을 구하시오

SEL-LAX-SAO
SEL-HKG-BOM
SEL-TPE-BKK-SIN

2. 다음 여정을 하나의 운임마디로 계산할 수 있는지 여부를 쓰시오

SEL-HKG-KUL

3. 다음은 마일리지 제도의 운임산출방식에 대한 설명이다. 빈칸에 들어갈 말을 쓰시오.

마일리지제도는 승객이 출발지로부터 중간 지점을 경유하여 목적지까지 이동하는 경우 실제로 여행한 거리인 (　　　)의 합계와 출발지, 목적지 사이에 설정되어 있는 최대 허용거리인 (　　　)를 비교하여 운임의 할증 여부를 결정하여 산정하는 방식이다.

4. 다음 여정의 최종 GI를 쓰고, 해당 GI를 설명하시오.

FQM SEL NYC PAR

CTY	DC	TPM	CUM	MPM	DC	LVL	〈HGL	〉LWL	25M	XTRA
SEL	3									
NYC	1 PA	6865	6865	8238	PA	0M	1373	0	10297	0
PAR	2 AT	3629	10494	12020	AP	0M	1526	0	15025	0

5. 다음 화면을 보고 밑줄친 5M에 대해 설명하시오.

FQM SEL KUL CMB

CTY	DC	TPM	CUM	MPM	DC	LVL	〈HGL	〉LWL	25M	XTRA
SEL	3									
KUL	3 EH	2867	2867	3440	EH	0M	573	0	4300	0
CMB	3 EH	1526	4393	4312	EH	**5M**	134	81	5390	0

2) Mileage System 운임계산 실제

(1) 편도여정 SEL-KUL-PAR

❶ 마일리지와 GI 확인

```
FQMSELKULPAR
```

```
FQM  SEL  KUL  PAR

CTY  DC TPM  CUM  MPM  DC LVL  <HGL  >LWL  25M  XTRA
SEL 3
KUL 3 EH  2867  2867  3440  EH  0M   573    0    4300   0
PAR 2 EH  6471  9338  8688  EH  10M  218   216   10860   0
```

■ 10M으로 TPM의 합이(9338) MPM(8688)을 10% 초과했으며, GI는 EH임

❷ 운임 조회

```
FQDSELPAR/AKE/IL,O,X/VEH/R,NUC
```

```
ROE 1121.498215 UP TO 100.00 KRW
08FEB19**08FEB19/KE SELPAR/NSP;EH/TPM ...../MPM  8689
LN FARE BASIS    OW    NUC  RT   B PEN  DATES/DAYS   AP MIN MAX R
01 YOW        1710.83              Y +         -    -     -   -   -   M
```

❸ 할증 적용 후 최종운임 출발지국 통화로 환산

할증률적용 : 1710.83(운임)×1.1(할증률)=1881.91

```
FQC1881.91NUC/KRW
```

```
FQC1881.91NUC/KRW
CONVERSION OF NUC TO KRW
KRW 2110600 - ROUNDED AS FARES
KRW 2110558 - AMOUNT TRUNCATED
ROE USED 1 NUC = 1121.498215 KRW EFF 01FEB19

ROUNDING OF FARES UP TO 100 KRW

NUC - NEUTRAL UNIT OF CONSTRUCTION
KRW - S.KOREAN WON
```

■ SELKULPAR여정의 최종 운임은 KRW 2,110,600

FROM/TO		
SEL	CARR	FARE
KUL		10M (SELPAR운임의 10% 할증운임 기재)
PAR		1881.91
	ROE	1121.498215
TTL FARE CAL	NUC 1881.91	
FARE	KRW 2,110,600	

(2) 왕복여정

왕복여정의 경우 하나의 운임마디로 계산할 수 없으므로 운임마디를 나누어 계산한다.

사례1) 여정 : SEL-MNL-HKG-JKT-BKK-SEL

```
SEL   |
MNL   |       SELJKT
HKG   ↓       1/2RT 운임 적용
JKT  ---
BKK   ↑       SELJKT
SEL   |       1/2RT 운임 적용
```

❶ 첫 번째 운임마디 마일리지 조회

```
FQMSELMNLHKGJKT
```

```
CTY  DC   TPM   CUM   MPM   DC  LVL   <HGL   >LWL  25M   XTRA
SEL 3
MNL 3 EH  1627  1627  1952   EH  0M     325     0   2440   0
HKG 3 EH   712  2339  1554   EH  EXC     0     397  1942   0
JKT  3 EH 2029  4368  3937   EH  15M    159     38  4921   0
```

■ 15M으로 TPM은(4368) MPM(3937)을 초과하여 15% 할증이, GI는 EH임

❷ 운임확인

```
FQDSELJKT/AKE/IL,X,H
```

IH : 2/1RT로 운임 조회
IL,X : 항공사 리스트 제외, 낮은 운임 순

```
FQDSELJKT/AKE/IL,X,H
ROE 1121.498215 UP TO 100.00 KRW
08FEB19**08FEB19/KE SELJKT/NSP;EH/TPM  3281/MPM  3937
LN FARE BASIS    OW   NUC  RT   B PEN  DATES/DAYS   AP MIN MAX R
01 EHEVZRKS                401.24 E  +  S08FEB  28FEB   +   -    6M R
02 HHE0ZRKS                423.54 H  +  S08FEB  28FEB   -   -    6M R
```

■ 운임할증률 15M이므로 401.24×1.15=NUC 407.25

❸ 두 번째 운임마디 마일리지 조회

```
FQMSELBKKJKT
```

```
CTY    DC TPM  CUM   MPM   DC  LVL  <HGL   >LWL  25M  XTRA
SEL3
BKK3 EH  2286  2286   2743  EH  0M   457     0    3428  0
JKT 3 EH 1444  3730   3937  EH  0M   207     0    4921  0
```

■ 운임할증률 0M이므로 SELJKT 운임 적용

❹ 운임확인

FQDSELJKT/AKE/IL,X,H

IH : 2/1RT로 운임 조회

IL,X : 항공사 리스트 제외, 낮은 운임 순

```
FQDSELJKT/AKE/IL,X,H
ROE 1121.498215 UP TO 100.00 KRW
08FEB19**08FEB19/KE SELJKT/NSP;EH/TPM  3281/MPM  3937
LN FARE BASIS    OW   NUC  RT    B PEN  DATES/DAYS    AP MIN MAX R
01 EHEVZRKS              401.24 E  +  S08FEB  28FEB     +   -    6M R
02 HHE0ZRKS              423.54 H  +  S08FEB  28FEB     -   -    6M R
```

■ 운임할증률 0M이므로 SELJKT 운임 적용

❺ Total NUC 구하기

첫 번째 마디 운임	NUC 407.25
두 번째 마디 운임	NUC 401.24
	NUC 808.49

❻ 출발지국 통화로 환산

FQC808.49NUC/KRW

```
FQC808.49NUC/KRW
CONVERSION OF NUC TO KRW
KRW 906800 - ROUNDED AS FARES
KRW 906720 - AMOUNT TRUNCATED
ROE USED 1 NUC = 1121.498215 KRW EFF 01FEB19

ROUNDING OF FARES UP TO 100 KRW

NUC - NEUTRAL UNIT OF CONSTRUCTION
KRW - S.KOREAN WON
```

FROM/TO		
SEL	CARR	FARE
MNL		
HKG		15M
JKT		407.25
BKK		M
SEL		401.24
	ROE	1121.49821
TTL FARE CAL	NUC 808.49	
FARE	KRW 906,800	

사례2) 여정 : SEL-TYO-MAD-SIN-SEL

도시	구간	적용
SEL	↓	SELMAD
TKO	↓	1/2RT 운임 적용
MAD		
SIN	↑	SELMAD
SEL	↑	1/2RT 운임 적용

❶ 첫 번째 운임 마디 마일리지 조회

```
FQMSELTYOMAD
```

```
FQM SEL TYO MAD
CTY DC TPM CUM MPM DC LVL <HGL >LWL 25M XTRA
SEL 3
TYO 3 EH 758 758 909 EH 0M 151 0 1136 0
MAD 2 TS 6795 7553 9063 TS 0M 1510 0 11328 0
```

■ 방향지표 TS, 할증률 0

❷ 운임 확인

```
FQDSELMAD/AKE/IL,X,H/VTS
```

```
FQDSELMAD/AKE/IL,X,H/VTS
ROE 1121.498215 UP TO 100.00 KRW
08FEB19**08FEB19/KE SELMAD/NSP;TS/TPM  6227/MPM  9063
LN FARE BASIS      OW     NUC      RT     B PEN  DATES/DAYS   AP MIN MAX R
01 ELX0ZRMK                     691.03 E  +        -    12345+    +    -  12M  R
                                                 S01NOV  31MAR
```

■ 할증률 0이므로 SELMAD 운임 적용

❸ 두 번째 운임 마디 마일리지 조회

```
FQM   SEL   SIN   MAD
CTY   DC   TPM   CUM   MPM  DC LVL  <HGL  >LWL   25M  XTRA
SEL 3
SIN 3   EH  2883  2883  3459   EH   0M   576      0    4323    0
MAD 2 EH  7073  9956  8800   EH  15M   164    276   11000    0
```

■ 방향지표 EH, 할증률 15M

❹ 운임확인

```
FQDSELMAD/AKE/IL,X,H/VEH
```

```
FQDSELMAD/AKE/IL,X,H/VEH
ROE 1121.498215 UP TO 100.00 KRW
08FEB19**08FEB19/KE SELMAD/NSP;EH/TPM ...../MPM  8800
LN FARE BASIS       OW     NUC   RT      B PEN  DATES/DAYS   AP MIN MAX R
01 YRT                  1555.28 Y  +    -     -     -  -  -  M
```

■ 운임할증률 15M이므로 1555.28×1.15=NUC 1788.57

❺ Total NUC 구하기

첫 번째 마디 운임	NUC 691.08
두 번째 마디 운임	NUC 1788.57
	NUC 2479.65

❻ 출발지국 통화로 환산

```
FQC2479.65NUC/KRW
CONVERSION OF NUC TO KRW
KRW 2781000 - ROUNDED AS FARES
KRW 2780923 - AMOUNT TRUNCATED
ROE USED 1 NUC = 1121.498215 KRW EFF 01FEB19

ROUNDING OF FARES UP TO 100 KRW

NUC - NEUTRAL UNIT OF CONSTRUCTION
KRW - S.KOREAN WON
```

FROM/TO		
SEL	CARR	FARE
TKO		M
MAD		691.08
SIN		15M
SEL		1788.57
	ROE	1121.49821
TTL FARE CAL	NUC 2479.65	
FARE	KRW 2,781,000	

(3) 비항공 운송 구간(Surface Transportation) 포함 여정

비항공 운송 구간이란 승객이 항공편을 이용하지 않고, 육상 및 해상교통 수단을 사용하여 이동하는 경우 항공여정이 일시 중단된 구간을 의미한다. 이는 해당 구간에 운항하는 항공노선이 없거나 항공편이 존재하더라도 승객이 자의로 해당 구간을 육상 또는 해상 운송수단을 이용하는 경우에도 발생한다.

비항공 운송 구간이 포함된 여정의 운임계산은 아래 두 가지 방법을 비교하여 그 중 저렴한 결과를 선택한다.

방법1) 비항공 운송 구간을 제외하고 운임 마디를 나누어 계산하는 방법

방법2) 비항공 운송 구간의 TPM을 포함하여 하나의 운임 마디로 계산하는 방법

■ **사례1) SEL - MNL X HKG - BKK - JKT**

방법1로 계산	방법2로 계산
① 운임 분리 지점 MNL, HKG	① 전체 여정을 하나의 운임 마디로 계산
② 운임 마디별 운임 적용 방향과 적용 운임 결정	② 전체 여정에 대해 마일리지 체크(FQM)
③ 운임마디별 마일리지 체크(FQM)	③ 출목적지 운임 조회하고 할증이 있는 경우 할증 적용(FQD)
④ 운임 마디별 출목적지 운임 조회하고 할증이 있는 경우 할증 적용(FQD)	④ Total NUC를 구하고 출발지국 통화로 환산(FQC)
⑤ Total NUC를 구하고 출발지국 통화로 환산(FQC)	

① FQDSELMNL/AKE/IL,O/CY/R,NUC

② FQMHKGBKKJKT
(2번째 운임마디 마일확인)

③ FQDHKGJKT/AKE/IL,O/CY/R,NUC)

④ 676.32 X 1.05 =710.13 (할증적용)
463.30+ 710.13 = 1173.43

⑤ FQC1173.43NUC/KRW(환산)

① FQMSELMNL--HKGBKKJKT

② FQDSELJKT/AKE/IL,O/CY/R,NUC

③ 793.58 X 1.25 = 991.97 (할증적용)

④ FQC991.97NUC/KRW(환산)

FROM/TO		
SEL	CARR	FARE
MNL		463.30
X		
HKG		
BKK		5M
JKT		710.13
	ROE	1121.49821
TTL FARE	NUC 1173.43	
FARE	KRW 1,316,000	

FROM/TO		
SEL	CARR	FARE
MNL		
X		
HKG		
BKK		25M
JKT		991.97
	ROE	1121.49821
TTL FARE	NUC 991.97	
FARE	KRW 1,112,500	

■ 계산결과 방법2가 더 저렴하므로 하나의 운임 마디로 계산하는 방법을 선택한다.

연습문제

1. 다음 여정에 대한 운임을 마일리지 계산 방식으로 산출하시오.

1) 편도여정

FROM/TO		
SEL	CARR	FARE
MNL		
HKG		
DPS		
	ROE	
TTL FARE	NUC	
FARE	KRW	

FROM/TO		
SEL	CARR	FARE
SIN		
SYD		
	ROE	
TTL FARE	NUC	
FARE	KRW	

2) 왕복여정

FROM/TO		
SEL	CARR	FARE
HNL		
NYC —		
LAX		
SEL	ROE	
TTL FARE	NUC	
FARE	KRW	

FROM/TO		
SEL	CARR	FARE
BKK		
PAR —		
SEL		
	ROE	
TTL FARE	NUC	
FARE	KRW	

3) 비항공 운송 구간 포함 여정

(방법1)

FROM/TO		
SEL	CARR	FARE
BKK		
CAI —		
X		
TLV		
ROM —		
	ROE	
TTL FARE	NUC	
FARE	KRW	

(방법2)

FROM/TO		
SEL	CARR	FARE
BKK		
CAI		
X		
TLV		
ROM —		
	ROE	
TTL FARE	NUC	
FARE	KRW	

(방법1)

FROM/TO		
SEL	CARR	FARE
SGN		
SIN —		
X		
KUL —		
JKT		
	ROE	
TTL FARE	NUC	
FARE	KRW	

(방법2)

FROM/TO		
SEL	CARR	FARE
SGN		
SIN		
X		
KUL		
JKT —		
	ROE	
TTL FARE	NUC	
FARE	KRW	

2 Mileage System의 보완 규정

Mileage System의 계산방법은 승객이 여러 도시를 경유하더라도 해당 여정의 최대 허용거리 내라면 출발지에서 목적지까지의 운임으로 여행할 수 있는 제도이지만 실제 운임계산에 있어 불합리한 점이 발견됨에 따라 다음과 같은 보완규정을 두게 되었다.

■ 중간 높은 운임(Higher Intermediate Point Check : HIP)

마일리지시스템의 기본규정에 의하면 출발지와 목적지 간의 공시운임을 기준으로 계산하게 되지만, 경우에 따라서는 출목적지 간의 운임보다 중간 지점의 운임이 더 높은 경우가 발생한다. 이와 같은 경우에도 중간 지점의 높은 운임을 무시하고 출목적지 간의 운임을 그대로 적용한다면 불합리하게 되므로 이런 불합리함을 보완하기 위해 중간 높은 운임 규정을 만들게 되었다. 따라서 승객의 여정이 출발지와 목적지 사이 중간 지점에 체류하게 되는 경우라면 반드시 중간 높은 운임 체크(HIP Check)를 실시하여 비교 후 중간 지점 운임이 출발지-목적지까지의 운임보다 높으면 중간 지점의 운임을 적용해야 한다.

SEL TYO M PAR 1710.83 (YOW) ――――――――― NUC 1710.83	TYO PAR 1937.48 (YOW) ――――――――― NUC 1937.48

상기 여정에서와 같이 전체 여정의 출목적지인 SEL PAR운임보다 중간 지점인 TYOPAR의 운임이 더 높은 것을 볼 수 있다. SEL TYO PAR 여정이 더 장거리이며, 비행기를 더 많이 이용하는데 운임은 더 낮게 산출되는 이런 모순점을 보완하는 제도로 "중간 높은 운임 체크"(HIP Chech)를 하도록 규정하고 있다.

(1) HIP Check 방법

출발지에서 목적지까지의 운임과 아래 A, B, C 세 가지 운임을 모두 비교해서 가장 높은 운임을 적용한다.

SEL BKK SGN	A 출발지와 도중체류 지점	SELBKK(NUC 650.91)
	B 도중체류 지점과 목적지	BKKSGN(NUC 309.06)
	C 도중체류 지점과 도중체류 지점	해당없음
NUC 615.24	출 · 목적지 운임인 615.24보다 중간 지점인 SELBKK 운임이 더 높으므로 이 여정의 운임은 SELBKK 운임 650.91로 적용한다.	

(2) HIP 적용 절차

<table>
<tr><td>① FQM</td><td>출발지와 목적지까지의 마일리지를 체크한다.</td></tr>
<tr><td>② FQD</td><td>출발지에서 목적지까지의 운임을 조회한다.</td></tr>
<tr><td>③ HIP Check</td><td>출발지에서 경유지, 경유지에서 목적지, 경유지에서 경유지 간의 운임을 체크하여 출목적지운임보다 높은 운임이 있는지 확인한다.(도중체류를 하지 않는 경유지는 체크대상에서 제외)
<table>
<tr><td>SEL
X TYO
BKK
PAR</td><td>출목적지 운임 : SELPAR 1290.41(TG 운임)
HIP 체크 구간 : SEL BKK 691.57(TG 운임)
BKK PAR 2965.93(TG 운임)
TYO는 도중 체류하지 않으므로 HIP 체크 미실시
FQDBKKPAR/ATG/IL,O/CY/R,NUC</td></tr>
</table>
■ 중간 운임 발생 시 : 운임 계산란에 HIP이 발생한 구간을 표기하고 HIP 운임을 해당 운임 마디에 적용
<table>
<tr><td>FROM/TO</td><td></td><td></td></tr>
<tr><td>SEL</td><td>CARR</td><td>FARE</td></tr>
<tr><td>X TYO</td><td></td><td>10M</td></tr>
<tr><td>BKK</td><td></td><td>BKKPAR</td></tr>
<tr><td>PAR</td><td></td><td>3262.52</td></tr>
<tr><td></td><td></td><td>1121.498215</td></tr>
<tr><td>TTL FARE CAL</td><td colspan="2">NUC 3262.52</td></tr>
<tr><td>FARE</td><td colspan="2">KRW 3,659,000</td></tr>
</table>
■ 중간 높은 운임 미발생 시 : 출목적지 운임을 해당 운임마디에 그대로 적용</td></tr>
</table>

<table>
<tr><td>④ EMS 적용</td><td>해당 운임 마디에 초과거리 할증이 적용된 경우 HIP 운임에 할증 적용
SEL　　　　　　출목적지 : SELPAR 1290.41 (TG 운임)
X TYO　　　　　HIP CHK : SELBKK 691.57 (TG 운임)
BKK　10M　　　　　　BKKPAR 2965.93 (TG 운임)
PAR　3262.52 (2965.93 X 1.1)
------------------------------</td></tr>
<tr><td>⑤ FQC</td><td>Total NUC를 구하고 출발지국 통화로 변환한다.
FQC 3262.52NUC/KRW</td></tr>
</table>

(3) HIP 구간 포함 여정 계산 방법

사례1) SEL-HKG-X/LON-PAR

❶ 출발지에서 목적지까지 MPM과 TPM을 비교한다.(FQM)

```
FQMSELHKGLONPAR
```

```
CTY  DC TPM  CUM  MPM DC LVL <HGL >LWL 25M  XTRA
SEL 3
HKG 3 EH 1295 1295 1554 EH 0M   259   0   1942   0
LON 2 EH 5965 7260 8913 EH 0M  1653   0  11141   0
PAR 2 EH  214 7474 8683 EH 0M  1209   0  10853   0
```

❷ 출발지에서 목적지까지의 운임을 확인한다.(FQD)

```
FQDSELPAR/AKE/IL,O/VEH/R,NUC
```

```
FQDSELPAR/AKE/IL,O/VEH/R,NUC
ROE 1121.498215 UP TO 100.00 KRW
08FEB19**08FEB19/KE SELPAR/NSP;EH/TPM ...../MPM 8689
LN FARE BASIS   OW  NUC RT  B PEN DATES/DAYS  AP MIN MAX R
01 FOW        5032.28        F +    -     -    -   -   -  M
02 COW        3182.43        C +    -     -    -   -   -  M
03 YOW        1710.83        Y +    -     -    -   -   -  M
```

③ HIP Check를 실시한다.

구분	구간	구간 운임(NUC)
출발지-도중체류지점	SELHKG	463.30
	SELLON	LON 도중체류 안하므로 체크 미실시
도중체류지점-목적지	HKGPAR	1851.61
	LONPAR	LON 도중체류 안하므로 체크 미실시
도중체류지점-도중체류지점	HKGLON	LON 도중체류 안하므로 체크 미실시

■ SELPAR 운임 NUC 1710.83과 비교결과 HKGPAR 구간 운임이 가장 높음

④ EMS 적용 : 상기 여정은 0M이므로 할증적용은 없음

⑤ Total NUC를 구하고 이를 출발지국 통화로 변환한다.(FQC)

■ HIP운임이 발생한 HKGLON구간 운임을 환산

```
FQC 1851.61NUC/KRW
```

```
FQC1851.61NUC/KRW
CONVERSION OF NUC TO KRW
KRW 2076600 - ROUNDED AS FARES
KRW 2076577 - AMOUNT TRUNCATED
ROE USED 1 NUC = 1121.498215 KRW EFF 01FEB19

ROUNDING OF FARES UP TO 100 KRW

NUC - NEUTRAL UNIT OF CONSTRUCTION
KRW - S.KOREAN WON
```

FROM/TO		
SEL	CARR	FARE
HKG		M
X LON		HKGPAR
PAR		1851.61
	ROE	1121.498215
TTL FARE	NUC	1851.61
FARE	KRW	2,076,600

사례 2) SEL-SIN-ZRH

❶ 출발지에서 목적지까지 MPM과 TPM을 비교한다.(FQM)

```
FQMSELSINZRH
```

```
FQM  SEL  SIN  ZRH
CTY  DC  TPM  CUM  MPM  DC LVL  <HGL  >LWL  25M  XTRA
SEL 3
SIN  3 EH  2883  2883  3459  EH  0M   576  0   4323  0
ZRH 2 EH  6404  9287  8347  EH  15M  312  106  10433  0
```

❷ 출발지에서 목적지까지의 운임을 확인한다.(FQD)

```
FQDSELZRH/AKE/IL,O/VEH/R,NUC
```

```
FQDSELZRH/AKE/IL,O/R,NUC/CY
ROE 1121.498215 UP TO 100.00 KRW
09FEB19**09FEB19/KE SELZRH/NSP;EH/TPM  5456/MPM  8138
LN FARE BASIS    OW    NUC  RT   B PEN  DATES/DAYS   AP MIN MAX R
01 YOW          1710.83          Y  +        -          -  +-   -    -   M
```

❸ HIP Check를 실시한다.(도중 체류하지 않는 BKK은 체크하지 않는다)

구분	구간	구간 운임(NUC)
출발지-도중체류지점	SELHKG	741.86
도중체류지점-목적지	SINZRH	1765.86
도중체류지점-도중체류지점	해당없음	

■ SELZRH 운임 1710.83대비 SINZRHT 운임이 높으므로 SINZRH 구간에 HIP이 발생함

❹ EMS적용

1765.86×1.15=2030.73(해당 여정의 할증률 15% 적용)

❺ Total NUC를 구하고 이를 출발지국 통화로 변환한다.(FQC)

```
FQC2030.73NUC/KRW
```

```
FQC1942.44NUC/KRW
CONVERSION OF NUC TO KRW
KRW 2277500- ROUNDED AS FARES
KRW 2277460 - AMOUNT TRUNCATED
ROE USED 1 NUC = 1121.498215 KRW EFF 01FEB19

ROUNDING OF FARES UP TO 100 KRW

NUC - NEUTRAL UNIT OF CONSTRUCTION
KRW - S.KOREAN WON
```

FROM/TO		
SEL	CARR	FARE
SIN		15M
ZRH		SINZRH
		2030.73
	ROE	1121.498215
TTL FARE	NUC	2030.73
FARE	KRW	2,277,500

사례3) SEL- TYO - JKT - BKK- SEL(F/B POINT : JKT)

❶ 출발지에서 목적지까지 MPM과 TPM을 비교한다.(FQM)

상기 여정은 운임 마디가 2개이므로 운임 마디별로 실시

SEL ↓ 1/2RT
TYO
JKT —

```
FQM  SEL  TYO  JKT
CTY  DC  TPM  CUM  MPM  DC LVL  <HGL  >LWL  25M  XTRA
SEL 3
TYO 3 EH  758   758   909   EH  0M   151  0   1136  0
JKT 3 EH  3612  4370  3937  EH  15M  157  40  4921  0
```

BKK ↑ 1/2RT
SEL

```
FQM  SEL  BKK  JKT
CTY  DC  TPM  CUM  MPM  DC LVL  <HGL  >LWL  25M  XTRA
SEL 3
BKK 3 EH  2286  2286  2743  EH  0M  457  0  3428  0
JKT 3 EH  1444  3730  3937  EH  0M  207  0  4921  0
```

❷ 출발지에서 목적지까지의 운임을 확인한다.(FQD)

FQDSELJKT/AKE/IL,H/CY	SELJKT 1/2RT 운임 조회

```
FQDSELJKT/AKE/IL,H/CY
ROE 1121.498215 UP TO 100.00 KRW
09FEB19**09FEB19/KE SELJKT/NSP;EH/TPM  3281/MPM  3937
LN FARE BASIS    OW   NUC  RT   B PEN  DATES/DAYS   AP MIN MAX R
01 YRT                769.14 Y  +      -      -     -   -   -  M
```

❸ HIP Check를 실시한다.

구분	구간	구간 운임(NUC)
윗마디(Outboud)	SELTYO	298.66
	TYOJKT	**922.61 → HIP 발생**
아랫마디(Inbound)	SELBKK	614.17
	BKKJKT	447.58(GA 운임)

■ TYOJKT 운임이 가장 높아 해당 구간에 HIP이 발생함

❹ EMS적용

Outboud : 922.61×1.15=1061.00(해당 운임 마디의 할증률 15% 적용)

Inbound : 769.14(할증률, HIP 발생하지 않았으므로 출목적지 운임 그대로 적용)

❺ Total NUC를 구하고 이를 출발지국 통화로 변환한다.(FQC)

1061.00(Outboud)+769.14(Inbound)=1830.14

FQC1830.14NUC/KRW

CONVERSION OF NUC TO KRW
KRW 2052500 - ROUNDED AS FARES
KRW 2052498 - AMOUNT TRUNCATED
ROE USED 1 NUC = 1121.498215 KRW EFF 01FEB19

ROUNDING OF FARES UP TO 100 KRW

NUC - NEUTRAL UNIT OF CONSTRUCTION
KRW - S.KOREAN WON

FROM/TO		
	CARR	FARE
SEL		15M
TYO		TYOJKT
JKT		1061.00
BKK		M
SEL		769.14
	ROE	1121.498215
TTL FARE	NUC	1830.14
FARE	KRW	2,052,500

연습문제

1. 다음 여정의 운임을 계산하시오.

① SEL-X/BKK-IST-CAI

FROM/TO		
SEL	CARR	FARE
X BKK		
IST		
CAI		
	ROE	
TTL FARE	NUC	
FARE	KRW	

② SEL-OSA-KUL

FROM/TO		
	CARR	FARE
SEL		
OSA		
KUL		
	ROE	
TTL FARE	NUC	
FARE	KRW	

③ SEL-TYO-SYD-SEL(F/B SYD)

FROM/TO		
SEL	CARR	FARE
TKO		
SYD		
SEL		
	ROE	
TTL FARE	NUC	
FARE	KRW	

④ SEL- X/SHA-RGN-SIN-SEL

FROM/TO		
SEL	CARR	FARE
X SHA		
RGN		
SIN		
SEL		
	ROE	
TTL FARE	NUC	
FARE	KRW	

3 Routing System(여정제도)

1) 여정제도(Routing System)의 개념과 특성

(1) Routing System의 개념

여정제도(Routing System)는 항공사가 출발지와 목적지 간 운임과 함께 경유 도시 및 이용 항공사를 공시하고, 승객의 여정이 이에 부합할 경우 해당 운임을 적용하는 제도이다. 지정된 노선과 승객의 여정이 일치하는 경우 거리계산을 하지 않으며, 공시된 운임을 그대로 적용하게 된다. 따라서 거리 제도에서 사용하는 중간 높은 운임 규정을 적용하지 않으며, 공시되어 있는 출발지 통화 운임을 그대로 적용하는 방식이다.

적용이 간편하고 정산을 통한 항공사 몫이 보장되므로 대부분의 Special Fare는 Routing운임으로 운영되는 편이다.

(2) Routing System의 도입 배경

항공사가 자사의 노선 구조 취약성을 보전하거나, 특별한 마케팅적 요소에 의하여, 자사 노선을 이용하는 조건으로 여객들에게 특별 운임을 적용하는 Routing System은 다음과 같은 이유로 도입하게 되었다.

- 자사 항공편이 취항하지 않는 불리한 노선망으로 승객 여정에 대한 Mileage System 운임 계산결과가 높아지는 경우
- 해당 구간 여정 작성 시 항공편연결 등의 사유로 특정 경유지가 자주 사용되는 경우
- 타 항공사와의 정산관계상 특정지점 경유 및 특정 항공사 이용 조건의 설정이 필요한 경우

(3) Routing System의 특징

① Routing 운임은 경유도시, 항공사, Booking Class가 지정되어 있으며 Routing Fare 적용 시에는 반드시 이를 준수해야 한다.

② Routing 운임 적용 시 EMS, HIP 등 Mileage System 관련 규정은 체크하지 않는다.

③ Route Map은 한 쪽 방향으로 공시되어 있으나, 반대 방향으로도 적용 가능하다.

④ Route Map은 중간 경유 지점은 생략될 수 있지만 추가될 수는 없다.

⑤ 반드시 Routing 운임에 공시된 항공사를 이용해야 하며, 여러 항공사가 공시된 경우는 해당 항공사 중 승객이 임의로 선택하여 이용할 수 있다.

(4) Routing Map Reading

❶ '–' (Hyphen)은 경유지와 항공사의 연결을 의미

'/' (Slash)는 '또는' 을 의미

예) SEL–LAX–KE/AS–SAN

→ SEL과 SAN 간 LAX 경유 시, LAX–SAN 구간은 KE 또는 AS 탑승 가능

SEL–LAX/SEA–DL–SAN

→ SEL과 SAN 간 LAX 또는 SEA 경유 가능

LAX–SAN, SEA–SAN 구간은 DL 이용

❷ 도시 간 '–' 은 Main Carrier(KE)를 의미하며, – 과 – 사의 도시는 생략 가능

예) PUS–SEL–BKK–PG/BG–DAC

㉠ PUS–KE–SEL–KE–BKK–PG–DAC

㉡ PUS–KE–SEL–KE–BKK–BG–DAC

㉢ PUS–KE–BKK–PG–DAC

㉠ PUS–KE–BKK–BG–DAC

상기 ㉠~㉠ 4개 Route로 이용 가능

❸ 해당 구간에 운항 SKD이 없는 경우라도 임의로 생략/추가 불가

예) SEL–LAX–DL–SAO

LAX–SAO 구간에 DL 항공사가 직항편 운항하지 않더라도 생략하거나

SEL–LAX–DL–NYC–SAO로 중간 경유지를 임의로 추가할 수 없음

2) Routing System 적용 방법

■여정 예제1 : SEL - BNE - SYD(F/B) - SEL

① 이 경우 최종목적지는 SYD이며(운임분리지점) 경유지는 BNE인 여정의 운임을 확인하기 위해 출발지에서 목적지 간 Routing Fare 공시 여부를 확인한다.(FQD) (Routing 운임은 운임 조회 화면 맨 끝에 'R' 로 표기됨)

```
FQDSELSYD/AKE/IL,X
```

```
ROE 1121.498215 UP TO 100.00 KRW
09FEB19**09FEB19/KE SELSYD/NSP;EH/TPM  5184/MPM  6220
LN FARE BASIS    OW   KRW  RT   B PEN  DATES/DAYS   AP MIN MAX R
01 EHEVZRKZ               1660000 E  +  S08FEB  11FEB   +     -    12M R
02 HHE0ZRKZ               1810000 H  +  S08FEB  11FEB   -     -    12M R
03 MHE0ZRKZ               1890000 M  +  S08FEB  11FEB   -     -    12M R
04 EHEVZR1Z               1900000 E  +  S08FEB  11FEB   +     -    12M R
```

② Route Map(노선도)을 확인하여 승객의 여정에 부합되는 운임이 있는지 확인한다.(FQR)

FQR1	1번 운임의 Route Map 확인

```
FQR1
ROE 1121.498215 UP TO 100.00 KRW
11FEB19**11FEB19/KE SELSYD/NSP;EH/TPM  5184/MPM  6220
LN FARE BASIS    OW   KRW  RT   B PEN  DATES/DAYS   AP MIN MAX R
01 EHEVZRKZ               1660000 E +   S08FEB  11FEB   +    -    12M R
ADDON       SPECIFIED  KE6000  ADDON                EFF20AUG16
 1 * SEL-SYD
```

■1번 운임 EHEVZRKZ는 SEL-SYD 여정에만 적용 가능하므로 사용 불가

FQR4 4번 운임의 Route Map 확인

```
ROE 1121.498215 UP TO 100.00 KRW
11FEB19**11FEB19/KE SELSYD/NSP;EH/TPM  5184/MPM  6220
LN FARE BASIS    OW   KRW  RT   B PEN  DATES/DAYS  AP MIN MAX R
04 EHEVZR1Z               1900000  E  +  S08FEB 11FEB   +  -   12M  R
ADDON      SPECIFIED  KE6500  ADDON          EFF15SEP15
 1 * SEL-SYD
 2 * SEL-BNE-QF/VA-SYD     ■ BNE ↔ SYD 구간 QF나 VA 중 탑승조건
 3 * SEL-NAN-FJ/VA-SYD     ■ NAN ↔ SYD 구간 FJ나 VA 중 탑승조건
```

③ 루팅에 지정된 항공사의 Booking Class를 확인한다.

GGAIRKECLSVA　GG: Go, Go　AIRKE : 항공사KE
CLS : CLASS　VA : Interline 항공사

```
GGAIRKECLSVA

     CLS VA              EN   2APR15 0240Z
------------------------------------------------------------
* VIRGIN AUSTRALIA *
** WARNING : 1. NOT ALLOWED TO SELL VA MKT/NZ OPRTG C/S FLTS
                FOR NZ OPRTG SCTORS, PLZ USE NZ OWN FLTS
             2. PENALTY APPLIES FOR ALL OTHER BKG CLS
** NOTE : 1. REFER TO AUTO PRICING FOR C/S FLTS AND OTHER SECTORS
          2. BKG CLS PRIORITY IS FROM LEFT TO RIGHT
------------------------------------------------------------
   1) BUSINESS FARES
      - AU DOMESTIC SECTORS : I/CLS
      - AU-DPS/HKT SECTORS  : I/CLS
      - AU-NZ SECTORS       : O/CLS
   2) ECONOMY FARESS
      - AU DOMESTIC SECTORS : T-V-E   ■ BNE-SYD는 오스트레일리아
      - AU-DPS/HKT SECTORS  : T-V-E     국내구간이므로 해당 구간
      - AU-NZ SECTORS : T-V-E           T-V-E순으로 적용
```

```
GGAIRKECLSQF
```

```
                    CLS QF                EN  29JUN16 1030Z
----------------------------------------------------------------
* QANTAS AIRWAYS *
 * WARNING : 1. PENALTY APPLIES FOR ALL OTHER BKG CLS
 * NOTE : 1. REFER TO AUTO PRICNING FOR C/S AND OTHER SECTORS
          2. BKG CLS PRIORITY IS FROM LEFT TO RIGHT
----------------------------------------------------------------
1. QF INT' L SECTORS BETWEEN AUSTRALIA AND NEW ZEALAND
   (SYD/BNE/MEL-AKL/WLG, SYD-ZQN/CHC)
 * APPLICABLE FARES (3/4/5/6 TRAFFIC)
  - ALL BUSINESS AND ECONOMY THRU FARES BETWEEN WW(INCLUDING
    KOREA) AND AUSTRALIA/NEW ZEALAND
* RBD
  - BUSINESS FARES : I
  - ECONOMY FARES  : O-Q-N
  - GRP OF 10 OR MORE PAX : G
```

■ 유의사항 : Booking Class는 O-Q-N Class순으로 순서를 준수해야 함. 즉, O Class 좌석이 가능한 상황에서 Q나 N Class로 예약 시 해당 운임 보장 불가함

④ 상기 조건을(BNE → SYD구간 QF나 VA 중 이용, QF는 Q-Q-N Class, VA는 T-V-E CLASS 예약조건) 모두 충족하는 경우 출발지에서 목적지까지의 운임 KRW 1,900,000을 그대로 적용한다.

■여정 예제2 : SEL – MAD – LON(F/B) – MIL – SEL

① 최종목적지 LON(운임분리지점)의 Routing Fare 공시 여부 확인(FQD)

```
FQDSELLON/AKE/IL,X
ROE 1121.498215 UP TO 100.00 KRW
11FEB19**11FEB19/KE SELLON/NSP;TS/TPM  5646/MPM  8366
LN FARE BASIS    OW   KRW  RT   B PEN  DATES/DAYS   AP MIN MAX R
01 ELX0ZRMK              1400000 E  +       -   12345+  +   -    12M R
                                    S01NOV  31MAR
02 ELW0ZRMK              1500000 E  +       -      67+  +    -   12M R
                                    S01NOV  31MAR
03 HLX0ZRMK              1600000 H  +      -    12345+  -    -   12M R
                                    S01NOV  31MAR
04 ELX0ZRM1              1650000 E  +      -     12345+  +   -   12M R
                                    S01NOV  31MAR
05 ELX00RMK    840000            E  +      -     12345+  -    -    - R
                                S01NOV  31MAR
```

② Route Map(노선도)을 확인(FQR)

FQR4

```
FQR4
ROE 1121.498215 UP TO 100.00 KRW
11FEB19**11FEB19/KE SELLON/NSP;TS/TPM  5646/MPM  8366
LN FARE BASIS     OW    KRW    RT     B PEN  DATES/DAYS   AP MIN MAX R
04 ELX0ZRM1                   1650000 E  +     -      12345+   +     -  12M R
                                          S01NOV  31MAR
ADDON        SPECIFIED  KE9315  ADDON          EFF09FEB19
  1 * SEL-LON
  2 * SEL-PAR-AF-LON
  3 * SEL-AMS-KL-LON
  4 * SEL-ROM/MIL-AZ-LON            ■MAD-LON : IB, UX, BA 중 선택
  5 * SEL-MAD-IB/UX-LON              LON-MIL : AZ. BA 중 선택
  6 * SEL-MOW-SU-LON
  7 * SEL-VIE-OS-LON
  8 * SEL-BCN/AMS/FRA/IST/LED/MAD/MIL/MOW/PAR/PRG/ROM/VIE/
      ZRH-BA-LON
  9 * SEL-IST-KK/TK-LON
 10 * SEL-ZRH-ZAG-OU-LON
 11 * SEL-ZAG-OU-LON
 12 * SEL-ZRH-LX-LON
```

③ 해당 항공사의 Booking Class 확인

▷ **GGAIRKECLSIB**

EFF 2015.09.01 - U.F.N

- BUSINESS : D
- ECONOMY : N - V - L (INDIVIDUAL N GRP FARE)

▷ **GGAIRKECLSBA**

*EFF:2013.12.1~(BASED ON TICKETING DATE)

-FIRST AND BUSINESS FARES: PLZ REFER TO AUTO PRICING

-ECONOMY THRU FARES: N - V

▷ **GGAIRKECLSUX**

EFF 2015.3.30- 2019.01.31(BASED ON TICKETING DATE)

1.EUROPEAN SECTORS

-BUSINESS CLASS : I

-ECONOMY NORMAL : S - V

-ECONOMY SPECIAL : P - Q - U

■ECONOMY NORMAL과 SPECIAL이 있는 경우 SPECIAL운임 CLASS 적용

▷ **GGAIRKECLSAZ**

EFF FROM 01 JULY, 2018

1.WITHIN EUROPE/NORTH AFRICA

- KE BIZ FARE : D
- KE EY FARE Y-,B-,M-,S-,H-,E : W,Q,N,T
- KE EY FARE K-,L-,U-,Q- : W,Q

■KE Booking Class 따라 AZ 적용 Class 상이하게 운영

④ 상기 조건을 모두 충족하는 경우 출발지에서 목적지까지의 운임 KRW 1,650,000 을 그대로 적용

연습문제

1. 다음 여정에 Routing 운임을 적용하기 위한 질문에 답하시오.

1)

SEL KE HKG DPS - SIN KE SEL	① KE Booking Class : ② HKG-DPS 구간 적용가능 항공사 및 Booking Class : ③ DPS- SIN 구간 적용가능 항공사 및 Booking Class : ④ TAX 제외한 최종 운임(KRW)

2)

SEL KE MOW FRA - VIE KE SEL	① KE Booking Class : ② MOW-FRA 구간 적용가능 항공사 및 Booking Class : ③ FRA-VIE 구간 적용가능 항공사 및 Booking Class : ④ TAX 제외한 최종 운임(KRW)

3)

SEL KE AKL CHC - NAN KE SEL	① KE Booking Class : ② AKL-CHC 구간 적용가능 항공사 및 Booking Class : ③ CHC-NAN 구간 적용가능 항공사 및 Booking Class : ④ 최종 운임(KRW)

4)

SEL KE SFO SLC - LAX KE SEL	① KE Booking Class : ② SFO-SLC 구간 적용가능 항공사 및 Booking Class : ③ SLC-LAX 구간 적용가능 항공사 및 Booking Class : ④ TAX 제외한 최종 운임(KRW)

2. 다음 루팅 Map 화면을 조회하기 위한 운임조회 지시어를 쓰시오.(FQD).

```
FQR6
ROE 1121.498215 UP TO 100.00 KRW
12FEB19**12FEB19/AF SELPAR/NSP;TS/TPM  5626/MPM  8342
LN FARE BASIS     OW    KRW  RT   B PEN  DATES/DAYS   AP MIN MAX R
06 ELSFKR                       835000 E NRF S01NOV  31MAR+    +   + 12M R
  1 * SEL-KL/AF-PAR/AMS-KL/AF-PAR
  2 * SEL-AF-SEL-KL/AF-PAR/AMS-KL/AF-PAR
  3 * SEL-JL/KL/AF/KE-FUK/TYO/OSA-KL/AF-PAR/AMS-KL/AF-PAR
  4 * SEL-KL/AF-PAR
  5 * SEL-AF-SEL-KL/AF-PAR
  6 * SEL-JL/KL/AF/KE-FUK/TYO/OSA-KL/AF-PAR
  7 * SEL-KL/AF-PAR/AMS-KL/AF-AMS-PAR
  8 * SEL-AF-SEL-KL/AF-PAR/AMS-KL/AF-AMS-PAR
```

3. 상기 루팅 Map의 6번 여정의 조건을 설명하시오.

항공여객발권실무

Fare & Ticketing for Airline Passengers

5

제5장

자동운임의 산출

1. 자동 운임계산 기능
   1) Informative Pricing(HE FQP)
   2) PNR Pricing(HE FXP)

제5장

자동운임의 산출

1 자동 운임계산 기능

자동운임 조회는 마일리지 시스템이나 루팅 시스템을 활용하여 매뉴얼로 산출하지 않고 여정이나 PNR 단위로 System에서 직접 운임 산출까지 이루어지는 기능이다. 자동운임 조회는 PNR 없이 승객의 여정만으로 운임을 산출하는 방법(Informative Pricing)과 PNR을 이용하여 산출하는 방법(Itinerary Pricing)이 있으며 항공운임 외에 부과되는 Tax까지 모두 확인이 가능하다.

1) Informative Pricing(HE FQP)

완성된 PNR이 없는 경우 여정을 가지고 운임을 산출하는 방법으로 운임의 정보 추정 차원에서 다양한 방법으로 Pricing이 가능하다. 운임산출 시 도시코드보다 공항코드를 이용하여 실행하는 것이 보다 정확한 Tax 산출을 할 수 있다.

산출 가능한 운임은

- Group Fare와 Air Pass를 제외한 운임
- 과거 24개월 이전, 미래 12개월 후까지 적용가능
- 왕복기준 16개 SEG, 편도기준 15개(최대 2개의 Surface포함)까지 가능

운임산출 제시 기준은

- 성인운임기준으로 첫 일정은 오늘 출발, 나머지 일정은 날짜 미확정 기준
- Class별 높은 운임에서 낮은 운임 순으로 보여주며
- 출발지국 통화 운임
- 모든 도시에 Stopover하는 것으로 간주

(1) 자동운임 조회 지시어(FQP)

가. 기본 조회

전체 여정과 탑승항공사를 지정하여 조회한다.

FQPICNHKGICN/OKE	ICN 출발 HKG 왕복 여정의 KE 운임 조회

```
FQPICNHKGICN/OKE
 * FARE BASIS *  DISC   *  PTC     * FARE〈KRW〉 * MSG  *T
01 PRT        *         * 1        *  2163600   *RB    *Y
02 FRT        *         * 1        *  1914200   *RB    *Y
03 JRT        *         * 1        *  1610400   *RB    *Y
04 CRT        *         * 1        *  1471600   *RB    *Y
05 YRT        *         * 1        *  1019500   *RB    *Y
06 EHEVZRKC   *         * 1        *   624900   *RB    *Y
```

코 드	설 명
FARE BASIS	운임코드종류
DISC	Discount Code(할인코드)
PTC	Passenger Type(계산된 운임의 승객유형)
FARE	적용된 공시운임 금액(KRW : 적용통화)
MSG	Message Code
T	Tax 포함 여부 Y : Tax 포함

※ 선택운임의 세부조회

선택한 운임의 번호를 지정하여 세부조회를 하면 Tax 및 운임 산출내역을 자세히 확인할 수 있다.

FQQ5	5번 YRT 운임산출 내역 가로보기

또는

FQH5	5번 YRT 운임산출 내역 세로보기

```
FQQ5 (운임산출내역 가로보기)
05 YRT        *           * 1          *  1019500  *RB   *Y
LAST TKT DTE 12FEB19 - DATE OF ORIGIN
-----------------------------------------------------------------
   AL FLGT  BK   DATE  TIME  FARE BASIS     NVB  NVA   BG
 SEL
 HKG KE       Y    12FEB            YRT                  12FEB  1P
 SEL KE       Y                     YRT                  12FEB  1P

KRW   944600     12FEB19SEL KE HKG421.13KE SEL421.13NUC
             842.26END ROE1121.498215      → 운임계산내역
KRW    9600-YR   XT KRW 17200-HK KRW 12900-G3 KRW 7200-I5
KRW   28000-BP
KRW   37300-XT                              → Tax 내역
KRW  1019500 (Tax 포함 총운임)
```

```
FQH5 (운임산출내역 세로보기)
FCP  AL  BK TPM   MPM   EMA  EMS R GI CC   NVB  NVA    BG
  SEL                                             ①
  HKG  KE  Y  1295  1554                M EH KE    12FEB   1P
FARE BASIS:YRT                AMOUNT IN NUC:       421.13 → 운임분리지점
  SEL   KE  Y  1295  1554               M EH KE    12FEB   1P
FARE BASIS:YRT                AMOUNT IN NUC:       421.13 → 운임 마디별 계산내역
---------------------------------------------------------------------
TOTAL FARE CALCULATION:                            842.26 → Total 항공운임
ROE: 1121.498215                      FARE KRW:    944600 ②
TAX: YRVA             9600   BPDP        28000
     HKAE             17200  G3RE        12900       → Tax 내역
     I5SE             7200
TOTAL:                                             1019500(Tax포함 총운임)
```

① NVA(Not Valid Afer) 항공권 만료일

② NUC로 계산된 금액을 ROE로 환산하여 Total 항공운임이 KRW로 표시됨

나. 자동운임 추가조건 지정 조회(FQP Option Entry)

기본조회 지시어에 항공사, 날짜, Class, 승객 type등 각종 조건을 추가로 지정하여 보다 정확한 공시운임과 Tax를 계산할 수 있다.

❶ 항공사와 출발일자 지정

출발일은 여정의 국제선 첫 구간 출발일을 기준으로 적용하고 같은 항공사로 계속여행시 다음목적지는 항공사를 생략할 수 있다.

FQPICN/D1SEP/AKELAXICN	9월1일 출발 ICNLAXICN KE 탑승 운임 조회

```
* FARE BASIS *  DISC   *  PTC     * FARE<KRW> * MSG  *T
01 RRT       *         * 1      * 10799200    *RB   *Y
02 PRT       *         * 1      *  9519100    *RB   *Y
03 FRT       *         * 1      *  8665700    *RB   *Y
04 JXRT      *         * 1      *  7278800    *RB   *Y
05 JCXRT     *         * 1      *  6707100    *RB   *Y
06 DXBZ      *         * 1      *  5735100    *RB   *Y
07 IXBZ      *         * 1      *  5277700    *RB   *Y
08 YRT       *         * 1      *  3624000    *RB   *Y
09 EKXEKA    *         * 1      *  1741800    *RB   *Y
```

FQH9　　9번의 EKXEKA 운임 산출내역 조회

```
FCP  AL  BK TPM   MPM   EMA  EMS R GI CC  NVB  NVA   BG
SEL
LAX  KE  E                    R  PA  KE     01SEP   2P
FARE BASIS:EKXEKA        AMOUNT IN NUC:      723.98
SEL  KE  E                    R PA KE       01SEP   2P
FARE BASIS:EKXEKA        AMOUNT IN NUC:      723.98

TOTAL FARE CALCULATION:                     1447.96
ROE: 1111.900000                FARE KRW:   1610000
TAX: YRVA        33400   BPDP        28000
     YCAE         6200   USAP        19700
     USAS        19700   XACO         5600
     XYCR         7800   AYSE         6300
     XF           5100
PFC: LAX 4.50
TOTAL:                                      1741800
```

❷ 승객유형 지정

기본 지시어로 조회하면 성인개인 기준 운임이므로 학생, 소아, 유아 등의 승객은 해당 승객의 코드를 지정하여 조회한다.

■ **승객유형 코드**

내 용	Discount Code
Infant(유아)	IN
Child(소아)	CH
Student(학생)	SD
Youth(청소년)	ZZ
Seaman(선원)	SC
Military(군인)	MM
Emigrant(이민)	EM
Agent(여행사직원)	AD
Air Industry Employee(항공사직원)	ID
Senior Citizen(경로우대)	CD
Group Inclusive Tour(단체)	GV
Individual Inclusive Tour(개인 패키지)	IT
Tour Conductor(여행 인솔자)	CG

FQPICN/D5AUG/AKEPARICN/RCH

8월 5일 ICNPARICN KE 탑승 소아운임 조회(승객유형 지정 시 지시어의 맨 뒤에 입력)

```
FQPICN/D5AUG/AKEPARICN/RCH
 * FARE BASIS * DISC  * PTC     * FARE<KRW> * MSG  *T
01 PRT        * CH    * 1       *  11805700  *RB   *Y
02 FRT        * CH    * 1       *  10406500  *RB   *Y
03 JXRT       * CH    * 1       *   7283600  *RB   *Y
04 CXRT       * CH    * 1       *   6634600  *RB   *Y
05 DNX3ZRDK   * CH    * 1       *   5985700  *RB   *Y
06 YRT        * CH    * 1       *   2710100  *RB   *Y
07 EHX0ZRMK   * CH    * 1       *   1406200  *RB   *Y
```

■ DISC코드에 승객유형코드 CH(소아)가 표시되어 있음

FQH6

6번 YRT 운임 산출내역 조회

```
FCP  AL  BK TPM   MPM   EMA  EMS R GI CC  NVB  NVA   BG
  SEL
  PAR  KE  Y  5626  8342                 M TS KE    05AUG   1P
 FARE BASIS:YRT/CH25         AMOUNT IN NUC:     1166.46
  SEL  KE  Y  5626  8342     M TS KE    05AUG  1P
 FARE BASIS:YRT/CH25         AMOUNT IN NUC:     1166.46
            (25% 소아할인이 있음)
TOTAL FARE CALCULATION:                          2332.92
ROE: 1121.498215          FARE KRW:       2616400 → Total 항공운임
TAX: YRVA             33600  BPDP         28000
     IZEB              5800  FRSE         10500
     FRTI             15800
 TOTAL:                                  2710100(Tax 포함 총운임)
```

❸ Stopover(도중체류) 지정

전체 여정 중 도중체류지점 뒤에 -(Hypen)을 하면 Stopover로 간주하고- 을 지정하지 않으면 단순경유지(Transfer)로 간주하여 Tax 및 각종 Charge를 받지 않는다. 전 여정 Stopover 시는 -을 Stopover 지점마다 입력하지 않고 모두 생략할 수 있다.

```
FQPICN/D3NOV/AKEHKG-/ATGBKK-/ACXHKG/AKEICN
```

- 11월3일 출발 ICN-HKG-BKK-HKG-ICN 여정에 대해 탑승 항공사를 지정한 운임조회며 전 여정 중 HKG과 BKK을 Stopover 지점으로 지정

ICN
KE
HKG
TG
BKK
CX
X HKG
KE
ICN

FQPICN/D3NOV/AKEHKG-/ATGBKK-/ACXHKG/AKEICN

* FARE BASIS	* DISC	* PTC	* FARE〈KRW〉	* MSG	*T
01 FRT+FRMYY*	*	* 1	* 4134700	*RB	*Y
02 CRT+CRMYY*	*	* 1	* 3157000	*RB	*Y
03 CRT	*	* 1	* 2199000	*RB	*Y
04 YRT+YRMYY*	*	* 1	* 2083200	*RB	*Y
05 YRT	*	* 1	* 1554800	*RB	*Y
06 MKE0ZRMS	*	* 1	* 1027200	*RB	*Y

FQH6	6번 MKE0ZRMS 운임 선택

```
FQH6
FCP   AL  BK  TPM    MPM   EMA   EMS  R  GI  CC   NVB   NVA    BG
 SEL
 HKG  KE  M                                                    1P
 BKK  TG  S  2344    2743              M EH KE        03NOV  30
FARE BASIS:MKE0ZRMS          AMOUNT IN NUC:              378.95
X HKG  CX  V                                                   1P
 SEL   KE  M  2344    2743             M EH KE        03NOV  1P
FARE BASIS:MKE0ZRMS          AMOUNT IN  NUC:             378.95

TOTAL FARE CALCULATION:                           757.90
ROE: 1121.498215             FARE KRW:            850000
TAX: YRVA            24000  YQAC          21400
     BPDP            28000  HKAE          34400
     G3RE            25800  I5SE          14400
     E7AP             1300  E7AD           1300
     G8DP              600  G8AE            600
     TSLA            25400
TOTAL:                                          1027200
```

- 두 번째 운임 마디 HKG 앞에 X 표시가 기재됨으로써 해당 지점은 Stopover하지 않음이 반영되었음

④ 비항공 운송 구간(Surface) 지정

여정상 Surface가 발생한 경우 해당 구간에 -(Hypen)을 두 번 입력한다.

```
FQPICN/D1JUL/AKEOSA-FUKICN
```

ICN

OSA

X 전 구간 대한항공 탑승 및 비항공운송구간(OSA-FUK) 포함 여정

FUK

ICN

```
FQPICN/D1JUL/AKEOSA--FUKICN

 * FARE BASIS *  DISC   * PTC    * FARE<KRW>  * MSG  *T
01 RRT        *         * 1      *  1148600          *Y
02 PRT        *         * 1      *  1016000          *Y
03 FRT        *         * 1      *   927600          *Y
04 JRT        *         * 1      *   849400          *Y
05 CRT        *         * 1      *   776200          *Y
06 IBIZKR     *         * 1      *   703000          *Y
07 YRT        *         * 1      *   539400          *Y
08 ELEKJ      *         * 1      *   314000          *Y
*6,8*RESTRICTIONS MAY APPLY/CHECK FQN
*6,8*TICKET STOCK RESTRICTION
```

FQH8	8번의 ELEKJ 운임 산출내역 조회

```
 FCP  AL  BK TPM   MPM   EMA  EMS R GI CC  NVB  NVA    BG
 SEL
 OSA  KE  E                       R  EH  KE        01JAN    1P
FARE BASIS:ELEKJ         AMOUNT IN  NUC:                125.91
/-FUK
 SEL  KE  E                       R  EH  KE        01JAN    1P
FARE BASIS:ELEKJ         AMOUNT IN NUC:                 116.91
TOTAL FARE CALCULATION:                               242.82
ROE: 1111.900000                  FARE KRW:           270000
TAX: YRVA             6800    BPDP              28000
   SWAE               9200
TOTAL:                                                314000
```

■ FUK 앞에 /으로 OSA-FUK 구간이 Surface임을 표시

❺ 자주 사용하는 Option

내 용	지시어	위치	적용 예
특정항공사 지정	/AKE	해당 도시 사이	FQPICN/AKELAX/OKE
전 구간 동일 항공사 지정	/OAF	지시어의 마지막	FQPICNPARICN/OAF
출발일 지정	/D1JAN	해당 도시 사이	FQPICN/D1JANLAX
Booking Class 지정	/CY	해당 도시 사이	FQPICN/CY/AKENRT
운임분리지점 지정	/B	해당 도시 앞	FQPICNCDG/BLHRICN 또는 FQPICN/AKECDG/BLHRICN
방향지표(GI)지정	/VTS	해당 도시 사이	FQPICNCDG/VTS/OKE 또는 FQPICN/AKECDG/VTS
할인운임코드 지정	/RCH	지시어의 마지막	FQPICNHKGICN/RCH/OKE 또는 FQPICN/AKEHKGICN/RCH
도중체류지(Stopover) 지정	-	해당 도시 뒤	FQPICNHKG-BKK-HKGICN/OKE
비항공운송 구간 지정	--	해당 도시 사이	FQPICNNRT--FUKICN/OKE
Lowest Price 지정	/L	지시어의 마지막	FQPICNTPEICN/L/OKE

❻ 기타 Option

내 용	지시어	위치	적용 예
Turnaround Point 지정	/T	해당 도시 앞	FQPICNPAR/TAMSICN/OKE
Tax 면제 지정	/R,ET	지시어의 마지막	FQPICNTPEICN/OKE/R,ET
Stopover & Surface 지정	---	해당 도시 사이	FQPICNNRT---OSA-FUKICN/OKE
Night Fare 지정	/H	해당 도시 사이	FQPICNLAX/HLASICN/OKE
Aircraft Type 지정	/E380	해당 도시 사이	FQPICN/E380LAXICN
Ticketing Date 지정	/R,15MAR18	지시어의 마지막	FQPICN/AKEJFK/R,15MAR18

❼ 다양한 Option을 이용한 산출

```
FQPICN/D5SEP/CY/AKECDG---LHR-/ABAFRA/AKEICN/RCH
```

■ (날짜/Class/항공사) (비항공운송/도중체류) (항공사/소아할인)

도시	항공사
ICN	KE
PAR	
X	
LON	BA
X FRA	KE
ICN	

☞ 9월5일 일반석 운임으로
PAR-LON구간 비항공운송 여정이며
PAR와 LON에 Stopover하는 소아운임 조회

```
FQPICN/D5SEP/CY/AKECDG---LHR-/ABAFRA/AKEICN/RCH
 * FARE BASIS   * DISC        * PTC         * FARE(KRW)  * MSG  *T
01 YRT          * CH          * 1           *  2781700   *RB   *Y
02 EJX0ZRMK+*   * CH          * 1           *  1421600   *RB   *Y
*1*NO HIP CHECK PARFRA
```

FQH2	2번 EJX0ZRMK 운임 선택

```
 FCP  AL  BK  TPM    MPM    EMA      EMS  R  GI  CC   NVB   NVA    BG
 SEL
 PAR  KE  E                               R  TS KE          05SEP  1P
FARE BASIS:EJX0ZRMK/CH25    AMOUNT  IN  NUC:                 518.27
/-LON
X FRA  BA  N                                                       1P
  SEL  KE  E                              R TS KE           05SEP  1P
FARE BASIS:EJX0ZRM1/CH25    AMOUNT  IN NUC:                  601.86

TOTAL FARE CALCULATION:                                     1120.13
ROE: 1121.498215                        FARE KRW:           1256300
TAX: YRVA            33600   YQAD                 34300
     BPDP            28000   UBAS                 30000
     DESE            12200   RAEB                 27200
TOTAL:                                                      1421600
```

다. 루팅 Map 조회 후 자동운임 산출

ICN

MOW

FRA –

VIE

ICN

① 해당여정의 루팅 존재 여부 및 루팅 Map조회를 위해 출목적지 구간의 KE 운임 조회

FQDSELFRA/D1JUN/AKE/IL,X

```
FQDSELFRA/D1JUN/AKE/IL,X
ROE 1121.498215 UP TO 100.00 KRW
01JUN19**01JUN19/KE SELFRA/NSP;TS/TPM  5360/MPM  8023
LN FARE BASIS      OW    KRW  RT    B PEN  DATES/DAYS   AP MIN MAX R
01 EJX0ZRMK                  1550000 E  +       -      12345+  + -   12M R
                                          S01APR  24JUL
02 EJW0ZRMK                  1650000 E  +       -         67+  + -   12M R
                                          S01APR  24JUL
03 HJX0ZRMK                  1750000 H  +       -      12345+  - -   12M R
                                          S01APR  24JUL
04 EJX0ZRM1                  1800000 E  +       -      12345+  + -   12M R
                                          S01APR  24JUL
05 HJW0ZRMK                  1850000 H  +       -         67+  - -   12M R
                                          S01APR  24JUL
06 EJX00RMK     930000               E  +       -      12345+  - -     - R
                                          S01APR  24JUL
07 EJW0ZRM1                  1900000 E  +       -         67+  + -   12M R
                                          S01APR  24JUL
```

■ 6월 1일은 토요일로 주말운임에 해당되며 상기 여정의 루팅은 7번 운임에 있음

② 루팅 Map 조회

```
FQR7
```

```
FQR7
ROE 1121.498215 UP TO 100.00 KRW
01JUN19**01JUN19/KE SELFRA/NSP;TS/TPM  5360/MPM  8023
LN FARE BASIS    OW   KRW  RT   B PEN  DATES/DAYS    AP MIN MAX R
07 EJW0ZRM1              1900000  E  +      -            67+  + -   12M R
                                       S01APR  24JUL
ADDON        SPECIFIED  KE9315    ADDON                 EFF09FEB19
 1 * SEL-FRA
```

```
 2 * SEL-LON-BA-FRA
 3 * SEL-PAR-AF-FRA
 4 * SEL-PRG-OK/KE-FRA
 5 * SEL-AMS-KL-FRA
 6 * SEL-ROM/MIL-AZ-FRA
 7 * SEL-MAD-IB/UX-FRA
 8 * SEL-MOW-SU-FRA
 9 * SEL-VIE-OS-FRA
10 * SEL-IST-TK-FRA
11 * SEL-ZRH-ZAG-OU-FRA
12 * SEL-ZAG-OU-FRA
13 * SEL-ZRH-LX-FRA
```

③ 루팅여정과 상기 Map에서 조회된 지정항공사 입력하여 자동운임 산출

```
ICN
        KE
MOW
        SU
FRA  –
        OS
VIE
        KE
ICN
```

```
FQPICN/D1JUN/AKEMOW/ASUFRA/AOSVIE/AKEICN
```

```
FQPICN/D1JUN/AKEMOW/ASUFRA/AOSVIE/AKEICN

 * FARE BASIS   *  DISC   *  PTC     * FARE<KRW>   * MSG  *T
01 CRT+DFM+J* *           * 1       *    8882500   *RB    *Y
02 YRT         *           * 1       *    3625700   *RB    *Y
03 EJW0ZRM1    *           * 1       *    2271300   *RB    *
```

④ 구간운임 확인 시 해당 루팅이 있었던 Fare Basis EJW0ZRM1 즉 3번 운임을 선택

```
FQH3
```

```
FCP  AL  BK TPM   MPM   EMA   EMS R GI CC  NVB  NVA    BG
 SEL
 MOW KE  E                                                1P
 FRA  SU  N                          R TS KE     01JUN    1P
FARE BASIS:EJW0ZRM1           AMOUNT IN NUC:         847.08
 VIE  OS  S                                               1P
 SEL  KE  E                          R TS KE     01JUN    1P
FARE BASIS:EJW0ZRM1           AMOUNT IN NUC:         847.08

TOTAL FARE CALCULATION:                             1694.16
ROE: 1121.498215                       FARE KRW:    1900000
TAX: YRVA            32400  YQAC              65000
     YQAD            57400  BPDP              28000
     RICA            16200  RICB              16200
     OYCB            52900  DESE              12200
     RAEB            33900  ZYAE              24000
     QDAP            22300  ATSE              10800
TOTAL                      2271300
```

(2) 자동운임 조회를 통한 Fare Note 조회(FQN)

자동운임 조회 후 운임번호를 지정하여 해당 운임의 Fare Note를 조회할 수 있고, 운임번호와 함께 AP(사전구입조건), PE(위약금) 등의 카테고리를 직접 지정하여 해당 항목에 대한 규정을 바로 조회할 수도 있다.

FQPICNBKKICN/OKE → FQN7 또는 FQN7//AP

```
FQPICNBKKICN/OKE
* FARE BASIS * DISC  * PTC     * FARE<KRW> * MSG  *T
01 PRT       *       * 1       *  3076800   *RB    *Y
02 FRT       *       * 1       *  2716600   *RB    *Y
03 JRT       *       * 1       *  2275800   *RB    *Y
04 CRT       *       * 1       *  2075600   *RB    *Y
05 YRT+YRTKE *       * 1       *  1422600   *RB    *Y
06 YRTKE     *       * 1       *  1393800   *RB    *Y
07 EHEVZRKS  *       * 1       *   853800   *RB    *Y
```

```
FQN7//AP   → 7번 운임의 사전 구매조건 조회
 7 - PTC 1 ADT                                      RULES DISPLAY
FARE COMPONENT 1   ADT SELBKK KE  EHEVZRKS  PU 1 S → 첫 번째 운임
                                                    마디에 대한 규정
FCL: EHEVZRKS    TRF:   8 RULE: KS03 BK:  E
PTC: ADT-ADULT                    FTC: XEX-REGULAR EXCURSION
AP.ADVANCE RES/TKT
FOR EHEVZRKS TYPE FARES
 RESERVATIONS ARE REQUIRED FOR ALL SECTORS. → 모든 구간의 예약은 확약되어야
  WAITLIST NOT PERMITTED.                      하고 예약 후 3일 이내 발권 조건
  TICKETING MUST BE COMPLETED WITHIN 3 DAYS AFTER
  RESERVATIONS ARE MADE.
       NOTE -  ALL SECTORS MUST BE CONFIRMED.

 7 - PTC 1 ADT                                      RULES DISPLAY
FARE COMPONENT  2 ADT BKKSEL KE  EHEVZRKS  PU 1 S → 두 번째 운임
                                                    마디에 대한 규정
FCL: EHEVZRKS  TRF:   8 RULE: KS03 BK:  E
PTC: ADT-ADULT              FTC: XEX-REGULAR EXCURSION
AP.ADVANCE RES/TKT
FOR EHEVZRKS TYPE FARES
RESERVATIONS ARE REQUIRED FOR ALL SECTORS. → 모든 구간의 예약은 확약되어야
  WAITLIST NOT PERMITTED                      하고 예약 후 3일 이내 발권 조건
  TICKETING MUST BE COMPLETED WITHIN 3 DAYS AFTER
  RESERVATIONS ARE MADE.
           NOTE -   ALL SECTORS MUST BE CONFIRMED.
```

연습문제

1. 다음 여정을 조건대로 자동운임 산출 후 Total NUC를 쓰시오.

(9월 1일 출발, 1년 체류, TAX 제외)

SEL
HKG - (KE C/Class)
SEL (CX Y/Class)

2. 다음 여정을 8월 10일 출발, 3개월 체류 조건 자동운임 산출 후 일반석 가장 낮은 운임을 쓰시오(Tax 제외).

① SEL
DFW - (KE)
WAS (AA)
CHI (AA)
SEL (KE)

② SEL
MAD (KE)
LON - (IB)
MIL (AZ)
SEL (KE)

3. 다음 여정에 대해 오늘 출발 일반석 조건으로 자동운임 조회하고 아래 물음에 답하시오.(전 구간 KE 지정)

① SEL
X SIN
JED-
HKG
SEL

① Tax 제외한 항공운임을 쓰시오.

② 윗마디에 적용된 할증률을 쓰시오.

② SEL
X BKK
DXB
X
TLV
CAI

① Tax 제외한 항공운임을 쓰시오.

② 적용된 HIP 구간을 쓰시오.

4. 다음 자동운임 산출 내역을 보고 물음에 답하시오.

```
 FCP  AL  BK TPM   MPM   EMA  EMS R GI CC  NVB  NVA    BG
 SEL
 PAR  KE  Y  5626  8342              M TS KE        22FEB  1P
FARE BASIS:YRT             AMOUNT IN NUC:            1555.28
/-ZRH
X SIN  SQ  E                                               35
 SEL  KE  T  9287  8347          15M M EH SQ        22FEB  35
FARE BASIS:YRTKR           AMOUNT IN NUC:            1853.93
TOTAL FARE CALCULATION:                              3409.21
ROE: 1121.498215                    FARE KRW:        3823500
TAX: YRVA          25200  BPDP             28000
   CHAE            39300  L7DE              2500
   SGAD             5000
TOTAL:                                               3923500
```

1) 상기 여정의 비항공 운송구간을 쓰시오.

2) 상기 여정의 Stopover 도시를 모두 쓰시오.

3) 지불한 유류할증료는 얼마인지 쓰시오.

2) PNR Pricing(HE FXP)

PNR이 있는 경우 사용할 수 있는 자동 운임 계산방법으로 승객의 실제 여정과 탑승 조건을 반영한 PNR정보를 이용하여 운임을 산출하게 되며, 크게 두가지 방법으로 계산 할 수 있다.

① FXP : 운임산출 후 운임정보 저장하기(Price PNR and Store TST)

② FXX : 운임산출 후 운임정보 저장하지 않기(Price PNR without Storing TST)

※ TST(Transitional Stored Ticket) : 운임저장 후 발권을 위해 필요한 모든 정보가 담겨있는 Field

(1) PNR 작성

PNR을 이용한 자동운임 계산을 위해서는 승객성명, 여정 등 정확한 PNR 작성이 이루어져야 승객의 여정에 맞는 바른 운임을 산출할 수가 있다.

PNR작성 요소	지시어
성명	성인 – NM1KIM/HANAMS 소아 – NM1KIM/SOAMISS(CHD/01DEC12) 유아 – NM1KIM/HANAMS(INFPARK/YOOAMSTR/01FEB19)
여정	AN1NOVICNNRT/AKE SS1Y2(2번 스케줄에 1명 예약) 또는 SSKE703Y1NOVICNNRT1
전화번호	AP 소속여행사의 저장된 전화번호 자동 입력 AP 010-123-4567- M : 휴대폰 번호 AP touring@naver.com-E 이메일주소입력
저장	ET : 작업완료 후 저장하기 ER : 작업완료 후 저장하고 다시 PNR 조회하기
예약기록 조회	RT1234-5678

(2) PNR Pricing 절차

가. PNR Pricing 후 TST 저장하기

RT000-0000(PNR조회) → FXP → ER → TQN

- FXP : TST저장 PNR Pricing 기본지시어
- ER : TST저장하고 PNR 재조회
- TQN : 운임저장 내역 확인

① RT935-2667 → PNR 조회

```
--- RLR ---
RP/SELK1394Z/SELK1394Z              AA/SU  12FEB19/0955Z   L6ECLK
9325-2667
  1.KIM/DAEHANMR
  2  KE 703 M 01JUN 6 ICNNRT HK1  1010 1230  01JUN  E  KE/L6ECLK
  3  KE 706 M 03JUN 1 NRTICN HK1  0915 1145  03JUN  E  KE/L6ECLK
  4 AP SEL 1566-0014 - TOPAS TRAINING UNIVERSITY - A
  5 AP 010-123-2345-H
  7 TK OK12FEB/SELK1394Z
```

② FXP → TST(운임산출 정보)저장

```
01 KIM/DAEHA*
LAST TKT DTE 01JUN19 - DATE OF ORIGIN
------------------------------------------------------------
   AL FLGT  BK   DATE  TIME  FARE BASIS      NVB  NVA   BG
 SEL
 TYO KE   703 M    01JUN 1010  MLE0ZRKN              01JUN 1P
 SEL  KE   706 M    03JUN 0915  MLE0ZRKN              01JUN 1P

KRW   490000      01JUN19SEL KE TYO218.45KE SEL218.45NUC
                  436.90END ROE1121.498215
KRW     9600-YR   XT KRW 10300-TK KRW 21500-SW KRW 5400-OI
KRW    28000-BP
KRW    37200-XT
KRW   564800
```

③ **ER** → TST 저장하고 PNR 조회

--- TST RLR --- → TST가 저장되었음을 나타내는 TST RLR 메시지가 생성됨

```
RP/SELK1394Z/SELK1394Z          AA/SU  12FEB19/0957Z   L6ECLK
9325-2667
  1.KIM/DAEHANMR
  2  KE 703 M 01JUN 6 ICNNRT HK1  1010 1230  01JUN  E  KE/L6ECLK
  3  KE 706 M 03JUN 1 NRTICN HK1  0915 1145  03JUN  E  KE/L6ECLK
  4 AP SEL 1566-0014 - TOPAS TRAINING UNIVERSITY - A
  5 AP 010-123-2345-H
  7 TK OK12FEB/SELK1394Z
  8 FE PAX 3.NONENDS. RISS CHRG APPLY-KRW40000. RFND PNTY APPLY/S2-3
  9 FV PAX KE/S2-3
```

④ **TQN** → 운임저장내역 확인

```
TST00001     SELK1394Z AA/12FEB I 0 LD 01JUN19 2359  OD SELSEL

T-
   FXP
 1.KIM/DAEHANMR
 1     ICN KE  703 M 01JUN 1010  OK MLE0ZRKN             01JUN 1PC
 2 O NRT KE  706 M 03JUN 0915  OK MLE0ZRKN             01JUN 1PC
     ICN
FARE  F KRW      490000
TX001 X KRW      9600-YRVA TX002 X KRW    28000-BPDP TX003 X KRW
10300-TKVC
TX004 X KRW    21500-SWAE TX005 X KRW     5400-OISE
TOTAL   KRW      564800
GRAND TOTAL KRW     564800
SEL KE TYO218.45KE SEL218.45NUC436.90END ROE1121.498215
10.FE 3.NONENDS. RISS CHRG APPLY-KRW40000. RFND PNTY APPLY.
11.FV KE
```

참고

① PNR Pricing 시 운임이 여러개 조회되는 경우는 적용할 운임의 라인 번호를 선택한 후 저장한다(FXT 1)

RT000-0000(PNR 조회) → FXP → FXT1 → ER → TQN

② 승객이 2명 이상인 경우 운임번호와 승객을 반드시 지정해야 한다.

RT000-0000(PNR조회) → FXP → FXT1/P1-2 → ER → TQN

① RT1499-8170

```
--- RLR ---
RP/SELK1394Z/SELK1394Z        AA/SU  12FEB19/1038Z  L6HFJA
1499-8170
  1.KIM/DAHANMR   2.KIM/HANNAMS
  3  CX 415 Y 01JUN 6 ICNHKG HK2  0840 1125  01JUN  E  CX/L6HFJA
  4  CX 410 Y 05JUN 3 HKGICN HK2  0920 1405  05JUN  E  CX/L6HFJA
  5 AP SEL 1566-0014 - TOPAS TRAINING UNIVERSITY - A
  6 AP 010-123-2323-H/P1
  7 TK OK12FEB/SELK1394Z
```

② FXP → 운임이 2개 조회됨

```
 * FARE BASIS *  DISC   * PSGR    * FARE<KRW>  * MSG  *T
01 WRT3        *         * P1-2    *  1263800    *      *Y
02 YRT3        *         * P1-2    *  1067100    *      *Y
```

③ FXT1/P1-2 → 승객 1~2번에게 1번 운임 적용

```
  PASSENGER        PTC   NP  FARE<KRW> TAX/FEE   PER PSGR
01 KIM/DAHAN*      ADT    1    1169700    94100     1263800
02 KIM/HANNA*      ADT    1    1169700    94100     1263800
                 TOTALS   2    2339400   188200     2527600
```

④ **ER**

```
--- TST RLR ---
RP/SELK1394Z/SELK1394Z            AA/SU  12FEB19/1041Z   L6HFJA
1499-8170
  1.KIM/DAHANMR   2.KIM/HANNAMS
  3  CX 415 Y 01JUN 6 ICNHKG HK2  0840 1125  01JUN  E  CX/L6HFJA
  4  CX 410 Y 05JUN 3 HKGICN HK2  0920 1405  05JUN  E  CX/L6HFJA
  5 AP SEL 1566-0014 - TOPAS TRAINING UNIVERSITY - A
  6 AP 010-123-2323-H/P1
  7 TK OK12FEB/SELK1394Z
  8 FV PAX CX/S3-4/P1-2
```

⑤ **TQN**

```
TST00001     SELK1394Z AA/12FEB I 0 LD 01JUN19 2359  OD SELSEL
T-
FXP
1.KIM/DAHANMR   2.KIM/HANNAMS
1      ICN    CX  415 Y 01JUN  0840   OK WRT3                        35K
2 O HKG   CX  410 Y 05JUN 0920  OK WRT3                        35K
    ICN
   FARE  F KRW     1169700
   TX001 X KRW     28800-YRVA TX002 X KRW     28000-BPDP TX003 X KRW
17200-HKAE
TX004 X KRW    12900-G3RE TX005 X KRW     7200-I5SE
TOTAL   KRW     1263800
GRAND TOTAL KRW     1263800
SEL CX HKG521.48CX SEL521.48NUC1042.96END ROE1121.498215
8.FV CX
```

나. TST저장하지 않고 운임 산출

RT000-0000 (PNR 조회) → FXX

- FXX : TST 저장하지 않고 운임 산출

① RT1062-6980 → PNR 조회

```
--- RLR ---
RP/SELK1394Z/SELK1394Z          AA/SU  12FEB19/1053Z  L6I78L
1062-6980
 1.KIM/DAEHANMR
 2  AF 267 B 01SEP 7 ICNCDG DK1  0905 1400  01SEP  E  0 77W MS
    APIS DEST PAX DATA REQUIRED SSR DOCS
    SEE RTSVC
 3  AF 264 B 10SEP 2 CDGICN DK1  1310 0710  11SEP  E  0 77W MS
    APIS DEST PAX DATA REQUIRED SSR DOCS
    SEE RTSVC
 4 AP SEL 1566-0014 - TOPAS TRAINING UNIVERSITY - A
 5 AP 010-123-3233-H
 6 TK OK12FEB/SELK1394Z
```

② FXX → TST 저장하지 않고 운임 산출

```
01 KIM/DAEHA*
LAST TKT DTE 01SEP19 - DATE OF ORIGIN
------------------------------------------------------------------
      AL  FLGT  BK   DATE   TIME  FARE BASIS      NVB  NVA   BG
SEL
PAR AF     267  B    01SEP    0905  BFFKR                    1P
SEL AF     264  B    10SEP    1310  BFFKR                    1P

KRW  2905000      01SEP19SEL AF PAR1295.14AF SEL1295.14NUC
                  2590.28END ROE1121.498215
KRW    28200-YQ   XT KRW 28000-BP KRW 36300-QX KRW 5800-IZ
KRW   407800-YR   KRW 10500-FR KRW 15800-FR
KRW    96400-XT
KRW   3437400
```

※ PNR Pricing 시 운임이 여러 개 조회되는 경우는 적용할 운임의 라인 번호를 선택한 후 조회한다(FQH 1)

RT000-0000(PNR 조회) → FXX → FQH1(1번 운임 적용)

① RT6896-4634 → PNR 조회

```
 --- RLR ---
RP/SELK1394Z/SELK1394Z          AA/SU  12FEB19/1102Z  L6IURE
6896-4634
  1.KIM/DAEHANMR   2.KIM/HANNAMS
  3  SQ 607 Y 01SEP 7 ICNSIN HK2  0900 1420  01SEP  E  SQ/L6IURE
  4  SQ 600 Y 03SEP 2 SINICN HK2  0800 1535  03SEP  E  SQ/L6IURE
  5 AP SEL 1566-0014 - TOPAS TRAINING UNIVERSITY - A
  6 AP 01-123-3332-H/P1
  7 TK OK12FEB/SELK1394Z
```

② FXX → TST 저장하지 않고 운임 산출

```
  * FARE BASIS *  DISC   *  PSGR    * FARE<KRW>  * MSG *T
01 YRTKR+Y11* *          * P1-2     *  1620300   *     *Y
02 Y11KRRL    *          * P1-2     *  1529400   *     *Y
*1-2*FARE VALID FOR E TICKET ONLY
*1*VISIT ANOTHER COUNTRY FARE
*1-2*TICKET STOCK RESTRICTION
```

③ FQH1 → 1번 운임 적용

```
  FCP  AL  BK TPM  MPM  EMA  EMS R GI CC  NVB  NVA   BG
  SEL
  SIN  SQ  Y  2883  3459              M EH SQ              35
 FARE BASIS:YRTKR          AMOUNT IN NUC:              731.92
  SEL  SQ  Y                          R EH SQ              35
 FARE BASIS:Y11KRRL        AMOUNT IN NUC:              650.91
 TOTAL FARE CALCULATION:                              1382.83
 ROE: 1121.498215                 FARE KRW:           1550900
 TAX: BPDP          28000  L7DE              9000
        OPAE         5100  SGAD             27300
 TOTAL:                                               1620300
```

(3) PNR Pricing 주요 Option

승객이 여러 명일 때 승객을 지정하여 해당 승객의 운임만 산출하거나 여정 또는 할인코드를 지정하여 조회하는 등의 Option이 있다.

지시어		내 용
FXP/P2	FXX/P2	승객번호를 지정(2번 승객)
FXP/S1-2	FXX/S1-2	여정 지정(1번~2번 여정)
FXP/RCD	FXX/RCD	할인코드 지정(소아)
FXP/INF	FXX/INF	유아 지정

(4) 기타 PNR Pricing

가. Best Pricer

예약한 여정에 대해 좌석가능한 가장 낮은 운임을 확인하여 제시해주는 최적의 운임 산출기능으로 다음과 같은 여러 기능들이 있다.

지시어	내 용
FXB	낮은 운임으로 Pricing하고 재예약 및 TST 정보를 생성한다.
FXR	낮은 운임으로 Pricing하고 재예약하나 TST 정보는 생성하지 않는다.
FXA → FXU	FXA : 낮은 운임 목록 확인 FXU : 목록에서 운임적용하여 재예약 및 TST 생성
FXA → FXZ	FXA : 낮은 운임 목록확인 FXZ : 목록에서 운임 적용하여 재예약 및 TST 비 생성
FXL	좌석예약상태를 고려하여 예약 가능한 가장 낮은 운임을 산출하지만 재예약 및 TST 정보는 생성하지 않는다.

① FXB(낮은 운임으로 Pricing 하고 재예약 및 TST 정보 생성)

```
RT0991-6261 → FXB → ER
```

```
RT0991-6261    → PNR 조회
--- RLR ---
RP/SELK1394Z/SELK1394Z          AA/GS  6FEB15/1626Z  3MKSQH
0991-6261
  1.LEE/HANAMS
  2  KE 901 Y 10AUG 1 ICNCDG HK1  1320 1820  10AUG  E  KE/3MKSQH
  3  KE 902 Y 15AUG 6 CDGICN HK1  2100 1450  16AUG  E  KE/3MKSQH
  4 AP SEL 1566-0014 - TOPAS TRAINING UNIVERSITY - A
  5 APM 010-111-5555
  6 TK OK07FEB/SELK1394Z
  7 OPW SELK1394Z-20FEB:1700/1C7/KE REQUIRES TICKET ON OR BEFORE
        21FEB:1700/S2-3   8 OPC SELK1394Z-21FEB:1700/1C8/KE
CANCELLATION DUE TO NO
     TICKET/S2-3

FXB  → 낮은 운임으로 산출 및 재예약
01 LEE/HANAMS
ITINERARY REBOOKED
LAST TKT DTE 10FEB15 - SEE ADV PURCHASE
------------------------------------------------------------
   AL  FLGT  BK   DATE   TIME   FARE BASIS      NVB  NVA    BG
 SEL
 PAR KE    901 E *  10AUG  1320   EHXEKU                 10AUG  1P
 SEL KE    902 E *  15AUG  2100   EHXEKU                 10AUG  1P

KRW  1700000      10AUG15SEL KE PAR764.45KE SEL764.45NUC
                  1528.90END ROE1111.900000
KRW   33400YR    XT KRW 36800QX KRW 5700IZ KRW 10000FR KRW
KRW   28000BP    16100FR
KRW   68600XT
KRW  1830000
TICKET STOCK RESTRICTION
BG CXR: KE/KE
PRICED WITH VALIDATING CARRIER KE - REPRICE IF DIFFERENT VC
```

```
ER  → 저장 후 재조회(E Class로 재예약됨)
--- TST RLR ---  →TST 생성되었음을 표시
RP/SELK1394Z/SELK1394Z          AA/GS    6FEB15/1627Z    3MKSQH
0991-6261
 1.LEE/HANAMS
 2  KE 901 E 10AUG 1 ICNCDG HK1  1320 1820  10AUG  E  KE/3MKSQH
 3  KE 902 E 15AUG 6 CDGICN HK1  2100 1450  16AUG  E  KE/3MKSQH
 4 AP SEL 1566-0014 - TOPAS TRAINING UNIVERSITY - A
 5 APM 010-111-5555
 6 TK OK07FEB/SELK1394Z
 7 OPW SELK1394Z-09FEB:1700/1C7/KE REQUIRES TICKET ON OR BEFORE
     10FEB:1700/S2-3
 8 OPC SELK1394Z-10FEB:1700/1C8/KE CANCELLATION DUE TO NO
     TICKET/S2-3
 9 FE PAX NONENDS. RISS CHRG APPLY-KRW120000. RFND PNTY
     APPLY-KRW200000. NO MILE UG./S2-3
10 FV PAX KE/S2-3
```

② FXR(낮은 운임으로 Pricing하고 재예약 후 TST 정보 비생성)

```
RT0910-8534 →FXR→ ER
```

```
RT0910-8534      → PNR 조회
RP/SELK1394Z/SELK1394Z          AA/GS    6FEB15/1647Z    3MKUGZ
0910-8534
 1.KIM/DAEHANMR
 2  KE 017 M 01JUN 1 ICNLAX HK1  1500 1010  01JUN  E  KE/3MKUGZ
 3  KE 018 M 15JUN 1 LAXICN HK1  1240 1750  16JUN  E  KE/3MKUGZ
 4 AP SEL 1566-0014 - TOPAS TRAINING UNIVERSITY - A
 5 APM 010-234-4000
 6 TK OK06FEB/SELK1394Z
```

```
 7 OPW SELK1394Z-20FEB:1700/1C7/KE REQUIRES TICKET ON OR BEFORE
      21FEB:1700/S2-3
 8 OPC SELK1394Z-21FEB:1700/1C8/KE CANCELLATION DUE TO NO
      TICKET/S2-3
```

FXR → 낮은 운임으로 Pricing하고 재예약(TST 정보 비생성)

```
01 KIM/DAEHA*
ITINERARY REBOOKED
LAST TKT DTE 10FEB15 - SEE ADV PURCHASE
------------------------------------------------------------
   AL  FLGT  BK   DATE   TIME   FARE BASIS      NVB  NVA   BG
 SEL
 LAX KE    17  E *  01JUN  1500   ELXEKA                 01JUN 2P
 SEL KE    18  E *  15JUN  1240   ELXEKA                 01JUN 2P

KRW  1460000       01JUN15SEL KE LAX656.53KE SEL656.53NUC
                   1313.06END ROE1111.900000
KRW    33400YR     XT KRW 6200YC KRW 19700US KRW 19700US KRW
KRW    28000BP     5600XA KRW 7800XY KRW 6300AY KRW 5100XF
KRW    70400XT     LAX4.50
KRW  1591800
TICKET STOCK RESTRICTION
BG CXR: KE
PRICED WITH VALIDATING CARRIER KE - REPRICE IF DIFFERENT VC
```

ER → PNR 저장 후 재조회(E Class 로 재예약됨)

```
--- RLR SFP ---      → TST 생성 메시지 없음
RP/SELK1394Z/SELK1394Z           AA/GS    6FEB15/1648Z    3MKUGZ
0910-8534
  1.KIM/DAEHANMR
  2  KE 017 E 01JUN 1 ICNLAX HK1  1500 1010  01JUN  E  KE/3MKUGZ
  3  KE 018 E 15JUN 1 LAXICN HK1  1240 1750  16JUN  E  KE/3MKUGZ
  4 AP SEL 1566-0014 - TOPAS TRAINING UNIVERSITY - A
  5 APM 010-234-4000
```

```
6 TK OK06FEB/SELK1394Z
7 OPW SELK1394Z-20FEB:1700/1C7/KE REQUIRES TICKET ON OR BEFORE
    21FEB:1700/S2-3
8 OPC SELK1394Z-21FEB:1700/1C8/KE CANCELLATION DUE TO NO
    TICKET/S2-3
```

③ FXA → FXU(낮은 운임 목록확인 후 재예약 및 TST 생성)

```
RT0910-8534  → FXA  → FXU3  → ER
```

```
RT0910-8534           → PNR 조회
--- RLR SFP ---
RP/SELK1394Z/SELK1394Z          AA/GS    6FEB15/1648Z    3MKUGZ
0910-8534
  1.KIM/DAEHANMR
  2  KE 017 Y 01JUN 1 ICNLAX DK1   1500 1010   01JUN   E   0 388 DB
     SEE RTSVC
  3  KE 018 Y 15JUN 1 LAXICN DK1   1240 1750   16JUN   E   0 388 LD
     SEE RTSVC
  4 AP SEL 1566-0014 - TOPAS TRAINING UNIVERSITY - A
  5 APM 010-234-4000
  6 TK OK06FEB/SELK1394Z

FXA     → 낮은 운임 목록 조회
 * FARE BASIS  *   DISC    *   PSGR     * FARE〈KRW〉  * MSG   *T
01 YRT           *          * P1          *  3624000  *        *Y
02 YLEEKA        *          * P1          *  2861800  *        *Y
03 ELXEKA        *          * P1          *  1591800  *        *Y
*3*TICKET STOCK RESTRICTION

FXU3     → 3번 운임 산출내역 확인(E Class로 산출됨)
03 ELXEKA     *        * P1       *  1591800  *RB    *Y
ITINERARY REBOOKED
```

```
LAST TKT DTE 10FEB15 - SEE ADV PURCHASE
------------------------------------------------------------
  AL FLGT  BK   DATE  TIME  FARE BASIS      NVB  NVA   BG
SEL
LAX KE    17 E *  01JUN  1500   ELXEKA                01JUN 2P
SEL KE    18 E *  15JUN  1240   ELXEKA                01JUN 2P
KRW  1460000      01JUN15SEL KE LAX656.53KE SEL656.53NUC
            1313.06END ROE1111.900000
KRW    33400YR    XT KRW 6200YC KRW 19700US KRW 19700US KRW
KRW    28000BP    5600XA KRW 7800XY KRW 6300AY KRW 5100XF
KRW    70400XT    LAX4.50
KRW  1591800
TICKET STOCK RESTRICTION
BG CXR: KE
PRICED WITH VALIDATING CARRIER KE - REPRICE IF DIFFERENT VC

ER        → PNR 저장 후 재조회(E Class 로 재예약됨)
--- TST RLR SFP ---   → TST 생성되었음을 표시
RP/SELK1394Z/SELK1394Z          AA/GS   6FEB15/1650Z    3MKUGZ
0910-8534
  1.KIM/DAEHANMR
  2  KE 017 E 01JUN 1 ICNLAX HK1  1500 1010  01JUN  E  KE/3MKUGZ
  3  KE 018 E 15JUN 1 LAXICN HK1  1240 1750  16JUN  E  KE/3MKUGZ
  4 AP SEL 1566-0014 - TOPAS TRAINING UNIVERSITY - A
  5 APM 010-234-4000
  6 TK OK06FEB/SELK1394Z
  7 OPW SELK1394Z-09FEB:1700/1C7/KE REQUIRES TICKET ON OR BEFORE
       10FEB:1700/S2-3
  8 OPC SELK1394Z-10FEB:1700/1C8/KE CANCELLATION DUE TO NO
       TICKET/S2-3
   10 FE PAX NONENDS. RISS CHRG APPLY-KRW120000. RFND PNTY
      APPLY-KRW200000. NO MILE UG. -BG:KE/S2-3
  11 FV PAX KE/S2-3
```

④ FXL(좌석예약상태를 고려하여 예약 가능한 가장 낮은 운임을 산출, 재예약은 되지 않으며 TST 정보도 비생성)

RT0936-6237 → FXL → ER

```
RT0936-6237   → PNR 조회
--- RLR ---
RP/SELK1394Z/SELK1394Z          AA/GS   6FEB15/1720Z   3MKWMI
0936-6237
 1.KIM/DAEHANMR
 2  KE 601 Y 03JUN 3 ICNHKG HK1  1340 1630  03JUN  E  KE/3MKWMI
 3  CX 474 Y 05JUN 5 HKGTPE HK1  0815 1000  05JUN E  CX/3MKWMI
 4  KE 692 Y 08JUN 1 TPEICN HK1  1325 1700  08JUN  E  KE/3MKWMI
 5 AP SEL 1566-0014 - TOPAS TRAINING UNIVERSITY - A
 6 APM 010-123-3333
 7 TK OK06FEB/SELK1394Z
 8 OPW SELK1394Z-20FEB:1700/1C7/KE REQUIRES TICKET ON OR BEFORE
     21FEB:1700/S2,4
 9 OPC SELK1394Z-21FEB:1700/1C8/KE CANCELLATION DUE TO NO
     TICKET/S2,4

FXL   → (좌석예약상태를 고려하여 예약 가능한 가장 낮은 운임을 산출, 재예약은
         되지 않으며 TST 정보도 비생성)

01 KIM/DAEHA*
LOWEST PRICE IS AVAILABLE
LAST TKT DTE 10FEB15 - SEE ADV PURCHASE
------------------------------------------------------------
  AL FLGT  BK   DATE  TIME  FARE BASIS     NVB  NVA   BG
SEL
HKG KE  601 E     03JUN 1340   ELEKS                 03DEC 1P
TPE CX   474 V *  05JUN  0815   MLEKS1                03DEC 20
SEL KE   692 M *  08JUN  1325   MLEKS1                03DEC 1P
```

```
KRW   559500      03JUN15SEL KE HKG197.85CX TPE Q5.80KE SEL
                  M TPEHKG299.49NUC503.14END ROE1111.900000
KRW    22800YR    XT KRW 17300HK KRW 10400TW
KRW    28000BP
KRW    27700XT
KRW   638000
TICKET STOCK RESTRICTION
BG CXR: KE/CX/KE


ER    → PNR 저장 후 재조회 재예약되지 않았으며 TST도 생성되지 않았음

--- RLR ---
RP/SELK1394Z/SELK1394Z          AA/GS   6FEB15/1726Z   3MKWMI
0936-6237
  1.KIM/DAEHANMR
  2  KE 601 Y 03JUN 3 ICNHKG HK1  1340 1630  03JUN  E  KE/3MKWMI
  3  CX 474 Y 05JUN 5 HKGTPE HK1  0815 1000  05JUN E  CX/3MKWMI
  4  KE 692 Y 08JUN 1 TPEICN HK1  1325 1700  08JUN  E  KE/3MKWMI
  5 AP SEL 1566-0014 - TOPAS TRAINING UNIVERSITY - A
  6 APM 010-123-3333
  7 TK OK06FEB/SELK1394Z
  8 OPW SELK1394Z-20FEB:1700/1C7/KE REQUIRES TICKET ON OR BEFORE
      21FEB:1700/S2,4
  9 OPC SELK1394Z-21FEB:1700/1C8/KE CANCELLATION DUE TO NO
      TICKET/S2,4
```

나. Master Pricer Expert(FXD)

입력된 여정에 대해 예약가능한 비행편과 운임정보를 추천해주는 기능으로 여정정보 만으로 또는 PNR 정보로 검색이 가능하며 고객입장에서 해당여정의 최저가를 조회하고 예약할 수 있다는 장점이 있다.

전체 여정은 2개의 Surface를 포함, 최대 6개 Segment까지 검색가능하며 최저가 조회 후 FXU 또는 FXZ 을 이용하여 예약가능하다.

① FXD 여정정보만으로 조회

```
FXDICN/D1JUNMNL/D5JUNICN → FXS1
```

- ICN/D1JUNMNL : ICNMNL 출발일
  MNL/D5JUNICN : MNLICN 출발일
  FXS1 : 1번 추천운임 선택

```
28 GROUPS AND 50 RECOMMENDATIONS RETURNED FROM KRW 354300 TO 1281200
```

→ ICNMNLICN 구간에 대해 KRW354,300~KRW1,281,2000까지 적용가능한 운임과 예약가능편 정보가 조회됨

```
------- RECOMMENDATION 1 OF 2 IN GROUP 1 (KRW 354300)-------
 PTC      CUR               TAX         FARE BASIS
1 ADT     1 KRW   354300    64300         KLRREXSL+
 TOTAL    1 KRW   354300    64300

1  PR 469  K  01JUN  ICN   MNL 2  2020  2330   E0 330  0410
2  PR 466  V  05JUN  MNL 2 ICN    0115  0600   E0 321  0345
>> FXS1 TO SELECT >> FXZ1 TO BOOK >> FXU1 TO BOOK AND CREATE TST
1 50000 KRW PENALTY APPLIES
1 LAST TKT DTE01JUN15 - DATE OF ORIGIN

------- RECOMMENDATION 1 OF 2 IN GROUP 2 (KRW 404300)-------
 PTC      CUR               TAX         FARE BASIS
1 ADT     1 KRW   404300    64300         VLRREXSL
 TOTAL    1 KRW   404300    64300

1  PR 467  V  01JUN  ICN   MNL 2  0810  1110   E0 321  0400
2  PR 466  V  05JUN  MNL 2 ICN    0115  0600   E0 321  0345
>> FXS2 TO SELECT >> FXZ2 TO BOOK >> FXU2 TO BOOK AND CREATE TST
1 50000 KRW PENALTY APPLIES
1 LAST TKT DTE01JUN15 - DATE OF ORIGIN
```

```
FXS1  → 1번 운임 선택
2 RECOMMENDATIONS IN GROUP 1(KRW 354300)

------- RECOMMENDATION 1 OF 2 IN GROUP 1 (KRW 354300)-------
 PTC      CUR              TAX      FARE BASIS
1 ADT     1 KRW   354300   64300       KLRREXSL+
 TOTAL  1 KRW   354300   64300

1   PR 469  K  01JUN  ICN   MNL 2  2020  2330   E0 330  0410
2   PR 466  V  05JUN  MNL2 ICN      0115  0600   E0 321  0345
>> FXZ1 TO BOOK >> FXU1 TO BOOK AND CREATE TST >> MPFXD TO RETURN
1 50000 KRW PENALTY APPLIES
1 LAST TKT DTE01JUN15 - DATE OF ORIGIN

 NM1KIM/DAEHANMR     → 상기운임으로 예약하기 위해 승객명 입력

RP/SELK1394Z/
  1.KIM/DAEHANMR

FXU1        →  예약 후 TST 저장

01 KIM/DAEHANMR
SELECTED RECOMMENDATION SUCCESSFULLY BOOKED
LAST TKT DTE 01JUN15 - DATE OF ORIGIN
------------------------------------------------------------------
   AL  FLGT   BK  T  DATE   TIME   FARE  BASIS       NVB  NVA    BG
 SEL
 MNL PR   469 K     K 01JUN 2020    KLRREXSL                16JUN 20
 SEL PR   466 V    V 05JUN 0115    VLRREXSL                 16JUN 20

KRW   290000        01JUN15SEL PR MNL107.92PR
                 SEL152.89NUC260.81END ROE1111.900000
KRW   22400YQ
KRW   28000BP
```

```
KRW    13900LI
KRW   354300
BG CXR: PR/PR
PRICED WITH VALIDATING CARRIER PR - REPRICE IF DIFFERENT VC
PENALTY APPLIES
NONEND PENALTIES APPLY

RT     → PNR 재조회하니 TST 저장되었다는 메시지가 표시됨
--- TST ---
RP/SELK1394Z/
  1.KIM/DAEHANMR
  2  PR 469 K 01JUN 1 ICNMNL DK1  2020 2330  01JUN  E  0 330 D
     ARRIVES TERMINAL 2
  3  PR 466 V 05JUN 5 MNLICN DK1  0115 0600  05JUN  E  0 321 D
     DEPARTS TERMINAL 2
  4 FE PAX NONEND PENALTIES APPLY/S2-3
  5 FV PAX PR/S2-3
```

② FXD(PNR정보로 조회)

```
RT09889215   → FXD → FXS1 → FXU1
```

```
 -- RLR ---
RP/SELK1394Z/SELK1394Z          AA/GS   7FEB15/0103Z   3MLGOE
0988-9215
  1.KIM/DAEHANMR
  2  KE 693 Y 10JUN 3 ICNTPE HK1  1630 1800  10JUN  E  KE/3MLGOE
  3  KE 694 Y 15JUN 1 TPEICN HK1  1910 2245  15JUN  E  KE/3MLGOE
  4 AP SEL 1566-0014 - TOPAS TRAINING UNIVERSITY - A
  5 TK OK07FEB/SELK1394Z
  6 OPW SELK1394Z-20FEB:1700/1C7/KE REQUIRES TICKET ON OR BEFORE
       21FEB:1700/S2-3
  7 OPC SELK1394Z-21FEB:1700/1C8/KE CANCELLATION DUE TO NO
```

```
     TICKET/S2-3
FXD  → 상기 PNR 여정에 대한 운임과 여정을 조회
4 GROUPS AND 8 RECOMMENDATIONS RETURNED FROM KRW 386000
TO 451800 → KRW386000~KRW451800까지 8개의 운임과여정을 제시함
-----BEST AVAIL. FARE FOR CURRENT PNR (KRW 399600)---------
 PTC    CUR                  TAX       FARE BASIS
1 ADT   1 KRW    399600    49600      ELEKS
 TOTAL  1 KRW    399600    49600

1  KE 693  E  10JUN  ICN   TPE 1  1630  1800   E0 73H  0230
2  KE 694  E  15JUN  TPE 1 ICN    1910  2245   E0 73H  0235
>> FXZ1 TO REBOOK >> FXU1 TO REBOOK AND CREATE TST
1 60000 KRW PENALTY APPLIES
1 LAST TKT DTE10FEB15 - SEE ADV PURCHASE

FXS1    → 1번 추천 운임 선택
1 RECOMMENDATIONS IN GROUP 1(KRW 399600)

------- BEST AVAIL. FARE FOR CURRENT PNR (KRW 399600)--------
 PTC    CUR                  TAX       FARE BASIS
1 ADT   1 KRW    399600    49600      ELEKS
 TOTAL  1 KRW    399600    49600
1  KE 693  E  10JUN  ICN   TPE 1  1630  1800   E0 73H  0230
2  KE 694  E  15JUN  TPE 1 ICN    1910  2245   E0 73H  0235
>> FXZ1 TO REBOOK >> FXU1 TO REBOOK AND CREATE TST >> MPFXD
TO RETURN
1 60000 KRW PENALTY APPLIES
1 LAST TKT DTE10FEB15 - SEE ADV PURCHASE


FXU1        → 예약 후 TST 저장

01 KIM/DAEHANMR
ITINERARY REBOOKED
```

```
LAST TKT DTE 10FEB15 - SEE ADV PURCHASE
------------------------------------------------------------
   AL  FLGT  BK  T  DATE   TIME   FARE BASIS     NVB  NVA   BG
SEL
TPE KE   693  E   E  10JUN  1630   ELEKS                 10DEC PC
SEL KE   694  E   E  15JUN  1910   ELEKS                 10DEC PC

KRW  350000        10JUN15SEL KE TPE157.38KE
                 SEL157.38NUC314.76END ROE1111.900000
KRW   11200YR
KRW   28000BP
KRW   10400TW
KRW  399600
TICKET STOCK RESTRICTION
BG CXR: KE/KE
PRICED WITH VALIDATING CARRIER KE - REPRICE IF DIFFERENT VC
PENALTY APPLIES

RT              → PNR 재조회하니 TST 저장되었다는 메시지가 표시됨

--- TST RLR ---
RP/SELK1394Z/SELK1394Z          AA/GS   7FEB15/0103Z   3MLGOE
0988-9215
 1.KIM/DAEHANMR
 2  KE 693 E 10JUN 3 ICNTPE DK1  1630 1800  10JUN  E  0 73H M
   SEE RTSVC
 3  KE 694 E 15JUN 1 TPEICN DK1  1910 2245  15JUN  E  0 73H M
   SEE RTSVC
 4 AP SEL 1566-0014 - TOPAS TRAINING UNIVERSITY - A
 5 TK OK07FEB/SELK1394Z
 6 FE PAX NONENDS. RISS CHRG APPLY RFND PNTY APPLY NO MILE UG.
    /S2-3
 7 FV PAX KE/S2-3
```

연습문제

1. 다음 여정을 작성하고 운임을 산출한 후 TST를 저장하시오.

승객명 : KIM/HANGGONGMR

여정 : ICNBKK KE K/CLS 6월 25일 출발

BKKICN KE K/CLS 6월 30일 출발

2. 다음 여정을 작성하고 Best Pricing 운임을 산출하시오.

승객명 : LEE/JAMESMR

여정 : ICN/SYD 8월 1일 출발 KE, Y/Class

SYD/ICN 8월 9일 출발 KE, Y/Class

3. 다음 여정에 대해 Master Pricer Expert 기능을 활용하여 가장 낮은 운임을 선택하여 예약하시오(TST 저장).

승객명 : KIM/DAEHANMR

여정 : ICNSIN 6월 30일 출발

SINICN 7월 4일 출발

6

제6장

항공운임의 적용

제6장

항공운임의 적용

1 항공운임의 구분

국제선 항공운임은 크게 공시운임(Published Fare)과 판매가(Negotiated Fare)로 구분되며 공시운임은 여행 가능 기간과 조건 등에 따라 통상적으로 정상운임(Normal Fare)과 특별운임(Special Fare), 할인운임(Discounted fare)으로 구분되고 판매가는 항공사가 시장 수요에 따라 공시운임대비 일정 기간 또는 특정수요를 대상으로 적용함으로써 판매촉진을 위한 할인 운임이다.

1) 공시운임(Published Fare)

공시운임은 항공사가 부과할 수 있는 최고운임 상한선으로 IATA 및 출발지 국가의 승인을 받아 공시되는 운임이며 모든 항공사가 Fare System을 통해 운임 및 규정을 조회할 수 있다.

(1) 정상운임(Normal Fare)

정상운임에는 Primary Normal Fare와 Secondary Normal Fare로 구분되며 Primary Normal Fare는 사용시기(Seasonality)와 주중/주말 조건 이외에 다른 조건이 없는 무제한 정상운임(Unrestricted Normal Fare)이다.

Secondary Normal Fare는 제한정상운임(Restricted Normal Fare)으로 사용시기, 주중/주말조건 외에 Stopover, Transfer의 제한규정을 갖는다.

일반적으로 편도, 또는 왕복운임으로 공시되어 있고 유효기간이 1년이며, 발행일로부터 1년 안에 첫 구간을 사용해야 하고, 나머지 구간의 유효기간은 여행 개시일로부터 1년이다. 대표적인 Fare Basis는 P, F, J, C, Y, YO2, Y2, YW2, YX2 등이 있다.

❶ 정상운임에 대한 IATA의 정의

IATA PMP(Prorate Manual - passenger) 정의

A fare for which the following conditions have met

1. Published as one way and/or round trip
2. Having a one year validity
3. Having no restrictions in respect of:

3.1 advance purchase	3.2 minimum stay
3.3 reservations/payment/ticketing	3.4 time of travel
3.5 specified flights	3.6 eligibility

아래의 조건을 충족시키는 운임

1. 편도 또는/그리고 왕복 여정으로 공시된 운임
2. 1년간 유효
3. 다음과 관련하여 제한 사항이 없을 것

3.1 사전 구매	3.2 최소 체류 기간
3.3 예약/구매/발권	3.4 여행 기간
3.5 특정 항공 편	3.6 자격

❷ 정상운임 조회

운임조회 시 정상운임은 주중/주말 외 특별한 제한이 없음을 확인할 수 있다.

```
FQDSELPAR/AKE/IL
ROE 1121.498215 UP TO 100.00 KRW
12FEB19**12FEB19/KE SELPAR/NSP;TS/TPM  5626/MPM  8342
LN FARE BASIS    OW    KRW  RT   B PEN  DATES/DAYS   AP MIN MAX R
01 POW        6413200           P  +       -    -     +-   -    - M
02 PRT                11660300 P  +       -    -     +-   -    - M
03 FOW        5643700           F  +       -    -     +-   -    - M
04 FRT                10261100 F  +       -    -     +-   -    - M
05 JWOW       4091100           J  +       -       67+ -   -    - M
06 JXOW       3926200           J  +       -   12345+ -   -    - M
07 CWOW       3734100           C  +       -       67+ -   -    - M
08 JWRT                7438200 J  +       -       67+ -   -    - M
09 CXOW       3569100           C  +       -   12345+ -   -    - M
10 JXRT                7138200 J  +       -   12345+ -   -    - M
11 CWRT                6789200 C  +      -        67+ -   -    - M
12 CXRT                6489200 C  +       -   12345+ -   -    - M
13 YOW        1918700           Y  +       -      - +-    -    - M
14 YRT                 3488500 Y  +       -      - +-    -    - M
```

(2) 특별 운임(Special Fare)/판촉운임(Promotional fare)

승객의 다양한 여행 형태에 부응하기 위하여 개발된 운임으로 승객의 여행 기간, 여행조건 등 운임규정 상에 각종 제한사항이 적용되는 운임이며 정상운임대비 운임수준이 낮다. 또한 특별운임은 항공사에서 판매촉진의 수단이나 가격 정책운영의 일환으로 사용하는 측면에서 판촉운임으로 운영되기도 한다.

❶ 특별운임의 제한사항

운임조회 시 Fare Note 항목에서 다음과 같은 제한사항을 확인할 수 있다.

운임종류			포함내용
유효기간 Fare Validity	MN	Minimum Stay	최소체류기간, 여행지 국가에서 최소한 머물러야 하는 기간
	MX	Maximum Stay	최대체류기간, 여행지 국가에서 최대한 머물 수 있는 기간
변경/환불	PE	Penalties	항공권 환불/변경 규정, 환불/변경 수수료 명시
발권 조건	AP	Advance Purchase	사전 구매 조건
	SR	Sales Restriction	항공권 판매와 발행 관련 규정, 판매 기간, 발권 조건 등
여행일자 및 여정	SE	Seasonality	시즌, 해당 운임이 적용 되는 기간, 예)성수기, 비수기
	TR	Travel Restriction	여행 기간 제한
	DA	Day/Time	요일, 해당 운임이 적용되는 일자 별 규정, 예)주중/주말
	BO	Blackout dates	해당 운임 이용 불가 일자
	FL	Flight application	특정 항공편 제한, 해당 운임을 적용할 수 있는 항공 편명
중간 경유지	SO	Stopover	중간 경유지 24시간 이상 체류 가능 여부/지역/횟수 /charge/ 등
	TR	Transfer	환승 횟수/charge, transfer 형태/가능 지역 등 제한
승객유형 Passenger Type	CD	Child Discount	유/소아 할인규정
	EL	Eligibility	해당 운임 적용 대상, 자격, 예) 학생, 선원

❷ 특별운임 조회

운임조회 시 특별운임은 패널티, 사전구매조건, 판매기간 및 최소, 체류기간 등의 제한사항이 있음을 확인할 수 있다.

```
FQDSELHKG/AKE/IL,X
ROE 1121.498215 UP TO 100.00 KRW
12FEB19**12FEB19/KE SELHKG/NSP;EH/TPM  1295/MPM  1554
LN FARE BASIS    OW   KRW  RT   B PEN  DATES/DAYS   AP MIN MAX R
01 EHEVZRKC                550000 E  +  S08FEB  01MAR+   +    -     6M R
02 HHE0ZRKC                610000 H  +  S08FEB  01MAR    -    -     6M R
03 MHE0ZRKC                680000 M  +  S08FEB  01MAR    -    -    12M R
04 MHE0ZR1C                705300 M  +  S08FEB  01MAR    -    -    12M R
```

(3) 할인운임(Discounted Fare)

할인운임은 정상운임과 특별운임을 기반으로, 인구통계적 특성인 신분조건에 따라 할인한 형태이다. 승객의 나이나 신분에 따라 할인이 제공되며, 승객의 여행조건에 따라 그 기준 운임은 정상운임 또는 특별운임이 될 수 있다. 특별한 규정이 없는 한 유효기간, 도중체류 횟수 등은 기준 운임의 규정에 따라 적용된다.

❶ 유아운임(Infant Fare : IN)

- 적용대상 : 최초 여행일 기준 만 14일 이상 만 2세 미만의 좌석 비점유 승객(최소 나이는 항공사마다 자체 규정에 따라 다르게 적용될 수 있다. KE, OZ은 만 7일 이상)
- 운임수준 : 성인운임의 10% 적용한다. 국내선 구간의 경우 국가마다 규정이 상이하다. 한국/USA/CANADA 국내선 구간의 운임은 무료이다. 성인 동반자 1명에 단 1명의 유아 할인이 가능하다. 유아가 2명 이상인 경우에 나머지 1명에 대해서는 Child 운임을 적용한다(항공사마다 규정이 상이하므로 확인이 필요).
- 무료수하물 허용량

  KE의 경우 : Weight System → 없음

  Piece System → 115cm 이하 가방 및 접을 수 있는 유모차
- 발행 항공권상에 반드시 생년월일(Date of Birth : DOB)과 동반 보호자의 항공권 번호를 기재한다.
- 좌석 점유를 필요로 하는 유아의 경우 소아 운임을 적용한다.

```
FQDSELLAX/AKE/IL,X/R,-IN
ROE 1121.498215 UP TO 100.00 KRW
26FEB19**26FEB19/KE SELLAX/IN;PA/TPM  5973/MPM  7167
LN FARE BASIS    OW   KRW   RT    B PEN  DATES/DAYS    AP MIN MAX R
01 QLX7ZBYK                 68000 Q  +       -      12345+ 7+  -   12M  R
                                        S15FEB  31MAR
02 QLW7ZBYK                 83000 Q  +       -         67+ 7+  -   12M  R
                                        S15FEB 31MAR
03 QLX0ZKYK                 93000 Q  +       -      12345+  +  -   12M  R
                                        S05FEB  31MAR
```

❷ 소아운임(Child Fare : CH)

- 적용대상 : 최초 여행일 기준 만 2세 이상, 만 12세 미만으로 성인 보호자가 동반하는 승객
- 한국 출발 운임 수준 : 적용가능 한 성인 운임의 75% 적용
- 무료 수하물 허용량 : 성인과 동일
- 일부 정상, 특별운임을 기준으로 한 CH/ IN Fare는 할인 불가한 경우도 있으므로 반드시FQN - Entry를 통해서 확인 후 사용
- 발행 항공권상에 반드시 생년월일(Date of Birth : DOB)과 동반 보호자의 항공권 번호를 기재한다.

```
FQDSELTYO/AJL/IL,X/R,-CH
ROE 1121.498215 UP TO 100.00 KRW
26FEB19**26FEB19/JL SELTYO/CH;EH/TPM   758/MPM   909
LN FARE BASIS    OW    KRW  RT    B PEN  DATES/DAYS    AP MIN MAX R
01 YNN0NG4A                502500 Y  -       -       -   +   +  -   12M M
02 YNN0OG4A     276400            Y  -       -       -   +   +  -    -  M
03 JNN0NG4A                738900 J  -       -       -   +   +  -   12M M
04 JNN0OG4A     406500            J  -       -       -   +   +  -    -  M
```

❸ 비동반 소아운임(Unaccompanied Minor : UM)

- 적용대상 : 최초 여행일 기준 만5세 이상, 만12세 미만 승객으로서 탑승 Cabin Class가 성인 승객과 동일하지 않은 경우 또는 성인 보호자 없이 혼자 여행하는 승객(항공사마다 나이 규정 상이하므로 확인 필요)
- 운임수준 : 만5세 이상 만8세 미만 – 적용 가능한 성인 정상운임
  만8세 이상 만12세 미만 – 적용 가능한 소아 정상운임
- 무료 수하물 허용량 : 성인과 동일
- 구비서류 : 운송 신청서 및 서약서
- 유의사항 : 만5세 미만의 어린이는 UM 운송 불가
  : 사전 예약 필요
  : 지상 보호자 확인
  : 특수 예약과의 사전 승인 필요
  : 확약된 예약 필요
  : UM의 나이 성별 국적 출도착지 보호자 연락처 등을 정확히 입력

❹ 학생운임(Student Fare : SD)

- 적용대상 : 최초 여행일 기준 만 12세 이상 만 26세 미만으로서 정규기관의 6개월 이상 교육과정에 등록된 학생(단, 항공사별 Waiver 가능)
- 적용기간 : 학업시작 6개월 전부터 학업종료 후 3개월까지
- 운임수준 : 공시된 학생운임이 없는 경우 성인 정상운임의 75%(Y Class에만 해당)

```
FQDSELLAX/IL/R,-SD
NO YY FARES
```

■ 상기 SELLAX 구간에 학생운임이 없으므로 정상운임의 75%를 적용한다.

- 도중체류 : 불가, 단 미주 및 캐나다행의 경우 국내1회 체류 허용
- 구비서류 : 입학허가서 사본/재학증명서 원본/학생증 및 여권 사본

– 일본, 독일, 영국, 호조 : Student Visa

– 중국 : X Visa, JW202, 입학허가서 , F Visa, 입학허가서 중

– 미국 : F1/F2 Visa, MI Visa, I–20 Form, J1/J2 Visa(DS–2019 Form첨부 조건)

- 학생운임에 CHD나 INF 운임은 적용 불가함
- 최초 발권 시 증빙서류 제시가 불가능한 경우 정상운임으로 구입하고 여행개시 후 3개월 이내에 해당 증빙서류 제시하면 할인 금액 환불 가능하다.
  단 ,최초 Booking 시 학생요금을 적용할 수 있는 Class로 예약하여야 한다.
- MSTO, MSDOW(RT)운임은 특정항공사의 USA/CANADA행, 유럽, 대양주행 학생, 청소년대상 Special Fare로서 학생운임규정과 상관없이 별도의 규정을 확인해야 한다(FQN1//SO 등).

```
FQDSELLAX/AKE/IL/R,-SD
ROE 1111.900 UP TO 100.00 KRW
09FEB15**09FEB15/KE SELLAX/SD:PA/TPM  5973/MPM  7167
LN FARE BASIS  OW   KRW  RT    B PEN  DATES/DAYS   AP  MIN  MAX  R
01 MLWSTO     1062700  2125400 M  -    -        67+   -    -    -   R
                                     S26JAN  29APR
02 MLXSTO      962700  1925400  M  -    -      12345+  -    -    -   R
```

■ SELLAX구간 KE학생운임 조회결과 MSTO운임 확인됨

❺ 단체인솔자 할인운임(Tour Conductor : CG)

- 적용대상 : 10명 이상의 단체승객을 인솔하는 승객
- 할인 수혜인원 및 할인율은 단체 구성원 수에 의해 결정된다.
- 단체 구성원 산정시 소아 2명은 성인 1명으로 간주한다.
- 단체운임은 항공사로부터 별도의 승인번호(Auth Number)를 받은 후 발권한다.
- 일부 단체운임은 항공사 자체 규정에 의해 할인율 및 할인 수혜인원이 결정된다.

■단체 구성원과 인솔자 할인

단체구성원 수	할인 수혜자 수	할인율
10~14명	1명	50% 할인
15~24명	1명	100% 할인
25~29명	2명	1명 : 100%, 1명 : 50% 할인
30~39명	2명	2명 : 100% 할인

⑥ 여행사 직원 할인운임(Agent Discount : AD)

- 적용대상 : 항공사와 대리점 계약을 체결한 여행사 직원 및 배우자
- 운임수준 : 본인 - 성인운임의 25% , 배우자 - 성인운임의 50%
- 유효기간 : 항공권 발행일부터 3개월이며, 첫 번째 Flight Coupon은 당해 연말까지 사용 완료
- 구비서류
  - 여행사의 신청서(Application Letter of Agent)
  - 항공사의 승인서(Authorization Form)
  - 각 항공사의 동의서(Concurrence Letter)

⑦ 선원운임(Ship's Crew Discount Fare : SC)

선원운임에는 개인 선원운임과 단체 선원운임이 있다. 개인 선원운임 적용 시에는 선원이 승선하는 선박의 국적에 따른 특별 규정을 우선 참조하고, 해당 사항이 없을 시 일반 규정을 적용한다.

- 적용대상 : 조업과 관련해 여행하는 선원의 Y / OW 여정
- 운임수준 : 성인 정상운임의 75%(관련 선박회사에서 지불하며, 통상적으로 편도 여정)
- 도중체류 : 불가
- 무료 수하물 허용량 : 항공사마다 규정 상이(KE는 Economy Class규정 적용)
- 구비서류 : Seaman Certificate , Seaman Book , 선원고용계약서

■SELMNL구간에 대한 선원운임 조회

```
FQPSELMNL/RSC

 * FARE BASIS *  DISC    * PTC      * FARE<KRW>  * MSG  *T
01 F           *          * 1        *   942600    *RB    *Y
02 C           *          * 1        *   790700    *RB    *Y
03 Y           *          * 1        *   547600    *RB    *Y
04 Y           *          * 1        *   417700    *RBSR  *Y
*4*RESTRICTIONS MAY APPLY/CHECK FQN
*1-3**DISCOUNT(S) NOT APPLICABLE
*4* ID. REQUIRED

FQN4
 4 - PTC 1 SC                                        RULES DISPLAY
FARE COMPONENT  1    SEA SELMNL YY  Y           PU 1 S
FCL: Y        TRF: 875 RULE: 0900 BK:  Y
PTC: SEA-SEAMAN              FTC: PRO-ECONOMY CLASS PROMOTIONAL
FR.FARE BY RULE
FARE BY RULE CONDITIONS APPLY
BASE FARE:  FCL: Y          TRF:2008 CARRIER: YY RULE: T112
PTC: ADT  FTC: EU

RU.RULE APPLICATION
FARE BY RULE
INDIVIDUAL FARES FOR SHIPS CREWS
 APPLICATION
   AREA
     THESE FARES APPLY WITHIN AREA 3.
   CLASS OF SERVICE
     THESE FARES APPLY FOR ECONOMY CLASS SERVICE.
```

■ 4번 운임이 선원운임으로 FQN4로 Rule조회결과 일반석에 적용되는 개인선원 운임임

2) **판매가**(Negotiated Fare)

공시운임의 특성상 모든 항공사가 Fare System을 통해 운임 및 규정 확인이 가능하므로 항공시장 내에서 가격경쟁을 통한 Marketing이 어려운 단점이 있다.

이런 단점을 보완하기위해 개별 항공사들은 자사의 항공편을 이용하는 조건으로 공시운임대비 항공권 제한사항을 더 많이 두고 운임을 낮게 설정하여 판매하고 있는 운임을 판매가라고 한다.

판매가는 모든 항공사에 있어 중요한 Marketing Tool로 사용될 뿐 아니라 비대외적인 항공사의 가격정책이며 이를 통해 항공시장에서 좀더 탄력적으로 대응할 수 있다.

2 항공 운임 유효 기간

1) Fare Validity

① Normal Fare 항공권의 유효기간은 최초 출발일로부터 1년이다. 첫구간은 발행일로부터 1년이며 나머지 구간은 첫구간 사용 개시일로부터 1년이다.

② Special Fare 항공권의 유효기간은 적용 운임의 규정을 준수한다.

③ 항공권은 유효기간 만료 전까지 유효하며 마지막 탑승용 쿠폰의 여정을 출발도시 기준으로 만료일 자정 이전까지만 탑승하면 된다.

2) 유효기간의 산출

유효기간을 계산할때는 유효기간을 지정하는 운임조건에 따라 달라지며 일, 월, 년에 따라 각각 적용방법이 조금씩 다르다.

❶ Counting of Days ('일' 로 규정된 경우)

a- 운임의 유효기간 산출 시 항공권의 발권일 또는 여행 개시 일은 제외한다.

b- 출발 일자 다음날부터 계산한다.

c- 각 flight coupon은 해당 flight coupon 만료일 local time 기준 자정 이전에 여행을 개시하여야 한다.

Departure Date 07 Jun Not Valid Before 04 Days Not Valid After 15 Days	07 Jun + 4days ============ 11jun	07 Jun +15days =========== 22jun

❷ Counting of Months('월' 로 규정된 경우)

a- 항공권의 출발일로부터 익월의 해당 월을 1개월로 간주한다.

b- 당월의 마지막 일자에 여행을 개시할 경우, 익월의 마지막 일을 1개월로 간주한다.

유효기간 1개월 유효기간 2개월 유효기간 3개월	01JAN → 01FEB 15JAN → 15MAR 30JAN → 30APR
유효기간 1개월 유효기간 2개월 유효기간 3개월	31JAN → 28/29FEB 29FEB → 30APR 30APR → 31JUL

❸ Counting of Year('년' 으로 규정된 경우)

항공권의 출발일로부터 다음해의 해당일을 1년으로 간주한다.

유효기간 1년	01JAN18 → 01JAN19 29FEB18 → 28FEB19 28MAR18 → 28MAR19

- Minimum Stay 계산 : 별도의 언급이 없는 한, 최초 국제선 출발일로부터 마지막 Stopover도시의 탑승일까지 산정
- Maximum Stay 계산 : 별도의 언급이 없는 한, 최초 여행 개시일로부터 마지막 Stopover도시의 탑승일까지 산정

3 Fare Basis

1) 정의

해당 항공권에 적용된 운임의 종류를 표시하는 코드이다.

> An alphanumeric or alphabetic code used to indicate the type of fare used on an airline ticket, even if the fare is not shown

- fare : 1. (교통) 요금 2. (택시) 승객 3. (끼니로 제공되는) 식사
- basis : 1. 근거, 이유 2. 기준 (단위) 3. 기반, 기초

2) Fare Basis의 구성요소

Prime Code(Mandatory) Cabin/Booking class	First Class Category : R , P , F
	Business Category : J , C
	Economy / Coach Category : Y , K , M ,H, L. S, V, T, Q...
Seasonal Codes(Conditional)	H – high season
	K – shoulder season
	L – low season
Part of Week Code(Conditional)	W : Weekend Travel Only
	X : Weekday Travel Only
Fare Type Code(Conditional)	EE – Excursion Fare
	AP – Advance Purchase Fare
	PX – Purchase Excursion
	ZZ – Youth Fare
Location	KA – Korea to America
	KJ – Korea to Japan
	KC – Korea to China
	KS – Korea to South East Asia
	KU – Korea to Europe

Trip Types(Optional)	OW - One Way
	RT - Round Trip
Passenger Type Code	FareBasis 뒤에 할인율과 함께 표시 ex)YRT/CH25, EHEKS/IN90

■ Fare basis는 Carrier(항공사), 운임 구분(normal/special, published/nego), 운임 적용 구간 등에 따라 다양하게 설정될 수 있으므로 반드시 상기와 같은 내용이 모든 항공사에 똑같이 적용되는 것은 아니다.

■Fare Basis 구성 예

YKX6M	MHWELKC
일반석 Y Class, 평수기 주중 유효기간 6개월 운임	일반석 M/Class, 성수기 주말 한국-중국노선 일주 운임

4 Booking Class

1) Cabin Class

항공편에 설치 운영(Hardware) 되는 등급으로 일등석(First Class) / 비즈니스석(Business; Prestige class-KE) / 일반석(Economy; Coach class) 등이 있다. Cabin에 따라 제공되는 서비스 상품(Software)이 다르므로 서비스 등급이라고도 한다.

2) Booking Class

판매, 예약 시 수요 특성별로 구분한 것으로 판매 등급, 예약 등급이라고 하며 같은 Cabin 안에서도 세분화되어 있기 때문에 동일한 Cabin이지만 Booking class는 다를 수 있다.

가. Booking class 세분화 목적

a – 수입 극대화 – 예약 등급별 적절한 통제를 통해 시장 상황 및 수요에 따라 차별화된 관리로 수입 증대

b – 시장 관찰을 통한 수요 예측 및 관리에 용이

c – 고객에게 다양한 가격 제시 및 상품 제공 가능

3) 대한항공 Booking class 구분

Cabin Class	BKG Class	Purpose	Mile accrual Rate
F	R	Premium(Kosmo Suite)	200%
	P	Premium(Kosmo sleeper/Sleeper)	165%
	F	Normal Fare	150%
	A	Mileage Upgrade / Bonus ticket	–
C	J	Normal Fare	135%
	C		125%
	D	Promotional Fare	125%
	I		
	Z	Mileage Upgrade	–
	O	Bonus Ticket	–
Y	Y	Normal Fare	200%
	B	High excursion Fare	
	M		
	S	Mid excursion Fare	
	H		
	E		
	K		
	L		
	U		

Cabin Class	BKG Class	Purpose	Mile accrual Rate
Y	Q	Low excursion Fare	70%
	N		
	T	Promotional Fare	
	G	Group Fare	80%
	X	Bonus Ticket	-

5 항공권에 적용되는 통화 및 운임

항공운임은 최초 출발국의 통화로 징수되며 항공권 판매 시 적용되는 운임은 발권 당일의 운임이 아닌 여행의 최초 출발일을 기준으로 유효한 운임을 적용한다. 그러나 운임계산 시 적용되는 ROE(교환환율)는 발권 당일의 ROE를 적용한다.

또한 항공권 발행 후 요금의 변동이 발생한 경우 여행개시 이전이라면 인상분은 추징하고 인하분은 환급해야 하며 여행개시 이후 변동이 발생한 경우는 항공권의 유효기간 내에서는 요금변동에 영향을 받지 않는다.

연습문제

1. 2월 28일 출발 항공권의 유효기간이 3개월이라면 마지막 도시에서 출발해야 하는 날짜는 언제인지 쓰시오.

2. 다음 할인운임에 대한 설명 중 맞는 것을 고르시오.

1) 유아운임은 최초 발권일 기준 만 2세 미만의 좌석비점유 승객에게 적용된다.
2) 유아승객의 운임은 국내선, 국제선에 상관 없이 무료이다.
3) 성인보호자 1명에 최대 2명까지 유아할인이 가능하다.
4) 소아승객은 성인보호자가 같은 Cabin에 탑승해야 동반소아로 간주한다.

3. 실제 항공편에 설치 운영되는 등급으로 First Class, Prestige Class, Economy Class로 구분되어 있는 것을 (　　　　　)등급이라고 한다.

4. 강소망씨는 Kosmo Suites Seat가 장착된 일등석으로 여행을 하고자 한다면 해당 KE Booking Class는? (　　　　　)

5. 다음 질문에 O, X로 답하세요.

1) 국제선 항공권은 발권일 기준 운임을 적용한다. (　　　)
2) 학생 할인 운임은 Economy Class에만 적용된다. (　　　)

항공여객발권실무

Fare & Ticketing for Airline Passengers

제7장

항공권의 발행

제 7 장

항공권의 발행

1 E-Ticket 정보 조회

E-Ticket은 모든 항공권의 세부사항을 ET Process를 통해 모든 참여자 즉 항공사, 여행사, 기타 Service Provider가 수행 가능하도록 구성되어 있으며 E-Ticket 발행 전에 각 Market의 E-Ticket 환경을 파악하고 해당 조건을 확인할 필요가 있다.

1) 한국시장의 E-Ticket 발권 항공사 조회

한국시장에서 E-Ticket이 가능한 항공사 list를 확인할 수 있다. 현재 약 80여 개의 항공사가 E-Ticket 발행이 가능하다.

```
TGETD-KR
```

TG : Table Agreement 기본 지시어
ETD : E-Ticket Display
KR : 확인하고자 하는 Market

```
TGETD-KR

COUNTRY      KR
ELECTRONIC TICKETING CARRIERS
AA   AC   AF   AI   AM   AT   AY   AZ
BA   BI   BR   B7   CA   CI   CO   CX
CZ   DL   DT   EK   ET   EY   FI   FM
FV   GA   GE   GF   G3   HA   HM   HO
HR   HU   HX   JJ   JL   JP   KC   KE
KL   KQ   K6   LA   LH   LJ   LX   LY
MF   MH   MI   MK   MR   MU   NH   NW
NX   NZ   OK   OM   OS   OZ   PC   PG
PR   PS   QF   QR   SA   SB   SC   SK
SQ   SU   S7   TG   TK   TP   TW   TZ
UA   UL   UN   UO   US   U4   VN   VT
W2   XF   YO   ZE   ZH   3U   7C   8M
9B   9W
```

2) 항공사별 E-Ticket Condition 확인

특정 항공사의 Market별 E-Ticket 기능을 확인 할 수 있다.

```
HEETTKE
```

HE : Help 기본 지시어
ETT : E-Ticket
KE : 확인하고자 하는 Market의 Reference코드

```
            KE E-TICKET                    EN  8SEP14 1804Z

MARKET                                  REFERENCE
------                                  ---------

JP ES FR IN NO SG SE TH GB IT NL SK IE NZ CH TW TR  MS22
AU BE DK MY PH CA CZ HK LU MH MP PW GU HU FM ID MO
```

```
AD GF GP MQ RE IS SC SI MX BR RU HR CY PT EG FI VN
MN QA OM BH AE UA PE MT CL BO KE KZ KG CO NG ZA LK
EE LT LV RO BG AR NP EC PA CR CR KR IL PL JO KW


DE AT                                             MS64


US                                                MS106
```

MS 106

상기 화면에서 US시장의 E-ticket 기능을 확인

```
 KE E-TICKET          EN   8SEP14 1804Z

KE ELIGIBILITY RULES FOR E-TICKETING IN THE FOLLOWING MARKETS:
US


(Y - SUPPORTED, N - NOT SUPPORTED)
ABP ALLOWED                 :N  FOID MANDATORY                  :N
INF TICKET ALLOWED          :Y  MAX NUMBER OF PASSENGERS        :99
UMNR TICKET ALLOWED         :Y  GROUP PNRS ALLOWED              :Y
CONJUNCTION TKT ALLOWED     :Y  MAX NUMBER OF SEGMENTS          :16
MULTI TOUR CODES ALLOWED    :N  OPEN SEGMENTS ALLOWED           :Y
FY BULK (US ONLY) ALLOWED   :N  CONF SEG MANDATORY WITH OPEN    :Y
IT/BT FARES ALLOWED         :Y  WAITLISTED SEGMENTS ALLOWED     :Y
NET REMIT ALLOWED           :Y  CONF SEG MANDATORY WITH W/L     :Y
NEGO FARES ALLOWED          :Y  PASSIVE SEGMENTS ALLOWED        :Y
COMPANION FARES ALLOWED     :N  E INDICATOR WITH PNR CLAIM      :N
```

3) 특정 항공사의 Interline(Agreement Table) 항공사 확인

TGAD-KE/JL

TG : 기본 지시어 AD : Airline Table Display - : 구분키 KE/JL : KE와 JL의 Interline 확인 KE : 발권항공사 JL : KE Stock으로 발권하는 항공사

```
TGAD-KE/JL
--AIRLINES HAVING AGREEMENT WITH: KE JL T P E
```

■ KE는 JL과 TPE 협약이 되어 있다.
(T : Paper Automatically Ticket, P : PTA, E : Electronic Ticket)

4) 특정 Market의 BSP 가입 항공사 List 확인

TGBD-KR

TG : 기본 지시어 BE : BSP Table Display - : 구분키 KR : 확인하고자 하는 Market

```
--BSP/ARP PLAN FOR: KR REPUBLICOFKOREA
AA AC AF AI AM AR AT AV AY AZ BA BI BR
BT BX B7 CA CI CM CO CX CZ DL DT EK HR
ET EY FI FJ FM FV GA GE GF G3 HA HM HO
HU HX HY IZ JJ JL JP KC KE KL KQ KR KU K6
LH LJ LO LW LX LY MD MF MH MK MR MU NH
NX NZ OK OM OS OZ PC PG PR PS PW QF QR
RA RJ SA SB SC SK SQ SU S7 TG TK TP TW
UA UL UN US VN VT VV WY W2 XB 9W TZ YO
ZE ZH Z2 3U 7C 7G 8M 9B
```

2 TST(Transitional Stored Ticket)

TST는 Pricing and ticketing 정보 Field라고 할 수 있다. TST란 운임저장 후 발권을 위해 필요한 모든 정보가 담겨 있는 Field로서 항공권 발권 시 입력해야 할 첫 번째 필수 요소이다.

1) TST 개요

- TST 생성 시 TST 생성일, 생성자 Sign Code가 함께 저장된다.
- SEG별로 승객당 최대 10개의 TST생성 가능하며 여정 중복은 불가하다.
- 동일여정, 동일운임, 동일지불수단의 경우 하나이 TST로 복수 승객 적용 가능하다.
- 복수승객으로 연결된 TST 중 한 승객의 조건이 변경된 경우, 동승객에 대한 New TST가 생성된다.
- TST 생성일 당일 자정까지 유효하므로 다음날 발권할 경우는 Repricing이 필요하다.
- TST 생성 시 PNR상단에 TST RLR 메시지가 표시된다.

2) TST 종류

- Automatic TST(AST) : FXP로 운임산출 시 자동 생성되는 기능(ARNK 포함 16개 SEG까지 가능하나 해당 국가의 정책에 따라 ARNK 포함 28개 SEG까지도 가능하다.)
- Manual TST(MST) : TST를 수동으로 입력하거나 자동으로 생성된 TST를 수정하는 경우 사용하는 기능

3) TST생성 절차(Automatic TST)

① PNR 조회

② FXP(자동운임 산출)

③ FXT1(운임이 여러 개 산출된 경우 운임 선택 및 TST 생성)

④ ER(TST저장하고 PNR 조회)

⑤ TQT(TST 조회/NO DISC), TQN(.TST조회/DISC 적용된 경우)

```
RT0991-0899    → PNR조회
--- RLR ---
RP/SELK1394Z/SELK1394Z          AA/GS  9FEB15/1342Z  3MPBAO
0991-0899
  1.KIM/HANGGONGMR
  2  TG 693 Y 01SEP 2 ICNBKK DK1  0730 1115  01SEP  E  0 777 M
  3  TG 656 Y 07SEP 1 BKKICN DK1  2330 0655  08SEP  E  0 777 M
  4 AP SEL 1566-0014 - TOPAS TRAINING UNIVERSITY - A
  5 TK OK09FEB/SELK1394Z
FXP       → 자동운임 산출
 * FARE BASIS *  DISC   *  PSGR      * FARE<KRW>  * MSG  *T
01 YRMTG      *          * P1       *   1449800  *       *Y
02 YLEE1M     *          * P1       *   1144600  *       *Y
03 YLPX15     *          * P1       *    928900  *       *Y

FXT3      → 3번 운임선택 및 TST 생성
01 KIM/HANGG*

LAST TKT DTE 10FEB15 - SEE ADV PURCHASE
------------------------------------------------------------
   AL FLGT  BK   DATE  TIME  FARE BASIS      NVB  NVA    BG
 SEL
 BKK TG   693 Y   01SEP  0730   YLPX15          01SEP01SEP  30
 SEL TG   656 Y   07SEP  2330   YLPX15          07SEP07SEP  30

KRW   856700     01SEP15SEL TG BKK385.24TG SEL385.24NUC
                 770.48END ROE1111.900000
KRW    9000YQ   XT KRW 28000BP KRW 24000TS
KRW   11200YQ
KRW   52000XT
```

```
KRW   928900
BG CXR: TG/TG
PRICED VC TG - OTHER VC AVAILABLE PG
10 PERCENT PENALTY APPLIES

ER    → TST 저장하고 PNR 조회

--- TST RLR ---
RP/SELK1394Z/SELK1394Z            AA/GS  9FEB15/1348Z  3MPBAO
0991-0899
 1.KIM/HANGGONGMR
 2  TG 693 Y 01SEP 2 ICNBKK HK1  0730  1115  01SEP  E  TG/3MPBAO
 3  TG 656 Y 07SEP 1 BKKICN HK1  2330 0655  08SEP  E  TG/3MPBAO
 4 AP SEL 1566-0014 - TOPAS TRAINING UNIVERSITY - A
 5 TK OK09FEB/SELK1394Z
 6 OPW SELK1394Z-31AUG:0500/1C7/TG REQUIRES TICKET ON OR BEFORE
     01SEP:0500/S2-3
 7 OPC SELK1394Z-01SEP:0500/1C8/TG CANCELLATION DUE TO NO
     TICKET/S2-3
 8 FE PAX NONREF/PEX VOLUNTARY CHNGS RESTRICTED/S2-3
 9 FV PAX TG/S2-3
```

SIGN코드 및 생성일자

Fare Calcuration Mode

```
TQT  →  TST 조회
TST00001   SELK1394Z  AA/09FEB  I  0  LD  10FEB15  OD  SELSEL  SI
```

TST 번호 TST생성 OFC ID Pricing Indicator

```
T-
FXP
```

```
 1.KIM/HANGGONGMR            여정정보
1   ICN TG  693 Y 01SEP 0730   OK YLPX15      01SEP01SEP 30K
2 O BKK TG  656 Y 07SEP 2330  OK YLPX15      07SEP07SEP 30K
   ICN
```

운임정보

FARE F KRW 856700
TX001 X KRW 9000-YQAC TX002 X KRW 11200-YQAD TX003 X KRW
28000-BPDP
TX004 X KRW 24000-TSLA
TOTAL KRW 928900
GRAND TOTAL KRW 928900
SEL TG BKK385.24TG SEL385.24NUC770.48END ROE1111.900000

8.FE NONREF/PEX VOLUNTARY CHNGS RESTRICTED → 제한사항
9.FV TG → Validity Carrier

■Pricing Indicator : 산출된 운임의 Data Sorce를 의미함

Pricing Indicator	설 명
I	IATA Automatically Priced
A	ATAF Automatically Priced
F	Negociated Fare, Priced Automatically
M, N	Manually Priced Fare
B	Negociated Fare, Manually Updateed TST
G	Negociated Fare, Manually Updateed by an Agent of Consolidator
T	Inclusive Tour Fare, Automatically Priced
O	RBD Override

※ Fare Calcuration Mode
0 : Automatically Priced
1 : Manual Creation

■**자동운임 산출지시 응용 Entry**

FXP(운임자동 계산, TST 생성)	설명
FXP	기본조회
FXP/P1,3-4	승객 1, 3, 4번 지정
FXP/S3,5-7	PNR SEG 지정
FXP/INF	유아만 지정
FXP/PAX	유아 이외 성인과 소아만 지정
FXP/RSD,FXP/P2/RSC	할인코드 및 해당 승객지정
FXP/R,FC-CNY	통화코드 지정(CNY)
FXP/R,U	판매가(Nego Fare)로 계산

4) TST 조회 지시어

구분	지시어 및 설명
성인+소아+유아 (모든 승객)	TQT : TST 조회 TQT/S3-4 : PNR SEG 3-4번 포함하는 TST만 조회 TQT/T1 : 1번 TST만 조회 TQT/P1 : 1번 승객 TST만 조회 TQT/S3-4/P1 : PNR SEG3-4번포 함, 1번 승객 ※ DISC 적용된 경우, 할인금액 표시하여 TST 조회 시 TQT 대신 TQT 입력
성인+소아TST (유아 제외)	TQT/PAX : TST조회 TQT/PAX/S3-4 : PNR SEG 3-4번 포함하는 TST만 조회 TQT/PAX/P1 : 1번 승객 TST만 조회 TQT/PAX/S3-4/P1 : PNR SEG3-4번 포함, 1번 승객의 TST 조회 ※ DISC 적용된 경우, 할인금액 표시하여 TST조회 시 TQT 대신 TQT 입력
유아 TST ONLY	TQT/INF : TST조회 TQT/INF/S3-4 : PNR SEG 3-4번 포함하는 TST만 조회 TQT/INF/P1 : 1번 승객 TST만 조회 TQT/INF/S3-4/P1 : PNR SEG 3-4번 포함, 1번 승객의 TST 조회 ※ DISC 적용된 경우, 할인금액 표시하여 TST 조회 시 TQT 대신 TQT 입력

5) TST 삭제

지시어	기 능
TTE/ALL	모든 TST 삭제
TTE/PAX	성인+소아승객의 TST 삭제(유아 제외)
TTE/INF	모든 유아 TST 삭제
TTE/T1,3	TST 1,3번만 삭제
TTE/T1/P1	1번 승객의 TST1번 삭제

3 E-Ticket 발권 구성 요소

E-Ticket의 발행을 위해서는 예약 PNR에 발권을 위한 필수항목 및 선택항목을 추가로 입력해야 한다.

■필수항목

TST	운임저장 후 발권을 위해 필요한 모든 정보 입력(FXP)
FM	Commission(수수료 입력 FM0G)
FV	Validating Carrier(발행항공사 입력) TST 저장 시 자동 입력됨
FP	Form of Payment(지불수단 입력 FPCASH)

■선택항목

FE	Endorsement(항공권 양도) TST 저장 시 자동 입력됨
FT	Auth Number 및 Tour Code(승인번호 및 요금코드)
FS	Conjunction Ticket Number(연결항공권 번호)

4 E-Ticket 발행

PNR 작성 후 발권에 필요한 필수 Data를 입력하여 항공권 발행을 실행한다.

■발권순서 지시어

지시어	설 명
RT0973-2290	PNR 조회
FXP	자동 운임 산출 및 TST 생성
FXT2	여러 개의 운임으로 산출된 경우 운임 2번 선택
ER	TST 저장하고 PNR 조회
TN/D300000	필요시 할인 금액 입력(300000 Discount)
FM0G	필요시 Commission 입력(FM5G)
FPCASH+CCAX371690024301003/0119*E00/N12345678/KRW200000	지불수단 입력
RT	예약 사항 재확인
TQT	TST 정보 재확인(DISC 있는 경우 TST 정보 재확인 : TQN)
TTP/RT	발권지시(TTP) 및 PNR 조회(RT)

사례 1) 성인 왕복여정, NO-COMM, 지불수단 현금

① RT2223-7761(발권하기 위한 PNR 조회)

```
--- RLR ---
RP/SELK1394Z/SELK1394Z           AA/SU  22FEB19/1427Z   LZEAUG
2223-7761
  1.KIM/DAEHANMR
  2  KE 603 M 01APR 1 ICNHKG HK1  0810 1100  01APR  E  KE/LZEAUG
  3  KE 608 M 05APR 5 HKGICN HK1  0045 0525  05APR  E  KE/LZEAUG
  4 AP SEL 1566-0014 - TOPAS TRAINING UNIVERSITY - A
  5 AP 010-123-2222-M
  6 AP DAEHAN@NAVER.COM-E
  7 TK OK22FEB/SELK1394Z
  8 OPW SELK1394Z-01MAR:1900/1C7/KE REQUIRES TICKET ON OR BEFORE
          02MAR:1900/S2-3
  9 OPC SELK1394Z-02MAR:1900/1C8/KE CANCELLATION DUE TO NO
          TICKET/S2-3
```

② FXP(자동운임 산출지시) / 운임이 여러 개 산출되는 경우 FXT1, FXT2 등으로 운임선택)

```
01 KIM/DAEHA*
LAST TKT DTE 01APR19 - DATE OF ORIGIN
------------------------------------------------------------
   AL FLGT   BK  DATE  TIME  FARE BASIS      NVB  NVA   BG
 SEL
 HKG KE   603 M    01APR  0810  MLE0ZRKC              01APR 1P
 SEL KE    608 M    05APR  0045  MLE0ZRKC             01APR 1P
KRW   560000      01APR19SEL KE HKG249.66KE SEL249.66NUC
                  499.32END ROE1121.498215
KRW   9600-YR   XT KRW 17200-HK KRW 12900-G3 KRW 7200-I5
```

```
KRW  28000-BP
KRW  37300-XT
KRW  634900
BAG/OTHER SERVICES AT A CHARGE MAY BE AVAILABLE-ENTER FXK
BG CXR: KE/KE
PRICED VC KE - OTHER VC AVAILABLE HR
80000 KRW PENALTY APPLIES
ENDOS 3.NONENDS. RISS CHRG APPLY. RFND PNTY APPLY.
```

③ ER(TST 저장하고 PNR 재조회하기)

```
--- TST RLR ---
RP/SELK1394Z/SELK1394Z          AA/SU  22FEB19/1431Z  LZEAUG
2223-7761
 1.KIM/DAEHANMR
 2  KE 603 M 01APR 1 ICNHKG HK1  0810  1100  01APR  E  KE/LZEAUG
 3  KE 608 M 05APR 5 HKGICN HK1  0045 0525  05APR  E  KE/LZEAUG
 4 AP SEL 1566-0014 - TOPAS TRAINING UNIVERSITY - A
 5 AP 010-123-2222-M
 6 AP DAEHAN@NAVER.COM-E
 7 TK OK22FEB/SELK1394Z
 8 OPW SELK1394Z-01MAR:1900/1C7/KE REQUIRES TICKET ON OR BEFORE
     02MAR:1900/S2-3
 9 OPC SELK1394Z-02MAR:1900/1C8/KE CANCELLATION DUE TO NO
     TICKET/S2-3
10 FE PAX 3.NONENDS. RISS CHRG APPLY. RFND PNTY APPLY./S2-3
11 FV PAX KE/S2-3
```

■ 운임저장 시 FE, FV항목이 자동 입력됨

④ TQN(운임저장 내용 확인으로 생략해도 무방함)

```
TST00001    SELK1394Z AA/22FEB I 0 LD 01APR19 2359  OD SELSEL      ㉮

T-
FXP
  1.KIM/DAEHANMR
1   ICN  KE  603 M 01APR 0810  OK MLE0ZRKC           01APR 1PC     ㉯
2 O HKG KE  608 M 05APR 0045  OK MLE0ZRKC           01APR 1PC
   ICN

FARE  F KRW  560000
TX001 X KRW   9600-YRVA TX002 X KRW  28000-BPDP TX003 X KRW  17200-HKAE
TX004 X KRW  12900-G3RE TX005 X KRW    7200-I5SE
TOTAL KRW   634900                                                  ㉰
GRAND TOTAL KRW     634900
SEL KE HKG249.66KE SEL249.66NUC499.32END ROE1121.498215

10.FE 3.NONENDS. RISS CHRG APPLY. RFND PNTY APPLY.                  ㉱
11.FV KE
```

㉮ TST 번호(예 TST00001)
- TST 생성 Office Code(예 SEL1394Z)
- 작성자 Sign 코드 및 생성일자(예 AA/22FEB)
- Pricing Indicator 산출된 운임의 Data Source
  (예 I: IATA Automatically Priced, M, N : Manually Priced Fare)
- Fare Calculation Mode Information 운임 산출방식
  (예 O: Automatically Priced, 1: Manual Creation)

㉯ 승객이름, 여정, 유효기간, 무료수하물 등에 대한 정보

㉰ 운임산출 내역

㉱ 제한사항(예 FE: NONENDS, FV: Validating Carrier , FM0G : Commission)

⑤ FM0G(Commission) 수수료 없음

FM0G	NO-COMM
FM0G/P1	1번 승객지정
FM5G	5% Gross COMM
FM5N	5% Net COMM

G는 Gross를 의미 Shown에서 수수료 적용
N은 Net를 의미 Discount 공제한 NET에서 수수료 적용
Net COMM 적용 시 반드시 Discount 금액을 입력해야 함

⑥ FPCASH(Form of Payment) 현금지불

FPCASH	현금지불
FPCCMC5310222354321111/0423*E03/N12345678	E03: 할부개월 N12345678: 카드승인번호
FPCASH+CCVI4579333224541112/0322*E03/N12345678/KRW300000	현금+ 카드지불(카드 30만 원)

```
--- TST RLR ---
RP/SELK1394Z/SELK1394Z          AA/SU  22FEB19/1431Z   LZEAUG
2223-7761
  1.KIM/DAEHANMR
  2  KE 603 M 01APR 1 ICNHKG HK1  0810  1100  01APR  E  KE/LZEAUG
  3  KE 608 M 05APR 5 HKGICN HK1  0045 0525  05APR  E  KE/LZEAUG
  4 AP SEL 1566-0014 - TOPAS TRAINING UNIVERSITY - A
  5 AP 010-123-2222-M
  6 AP DAEHAN@NAVER.COM-E
  7 TK OK22FEB/SELK1394Z
  8 OPW SELK1394Z-01MAR:1900/1C7/KE REQUIRES TICKET ON OR BEFORE
      02MAR:1900/S2-3
  9 OPC SELK1394Z-02MAR:1900/1C8/KE CANCELLATION DUE TO NO
      TICKET/S2-3
 10 FE PAX 3.NONENDS. RISS CHRG APPLY. RFND PNTY APPLY./S2-3
 11 FM *M*0
 12 FP CASH          → 수수료 항목과 지불수단 항목이 입력됨
 13 FV PAX KE/S2-3
```

⑦ TTP/RT(발권지시 및 PNR 조회)

```
OK ETICKET
```

⑧ RT(Ticket 번호 입력된 PNR 조회)

```
--- TST RLR ---
RP/SELK1394Z/SELK1394Z          AA/SU  22FEB19/1455Z   LZEAUG
2223-7761
  1.KIM/DAEHANMR
  2  KE 603 M 01APR 1 ICNHKG HK1  0810  1100  01APR  E  KE/LZEAUG
  3  KE 608 M 05APR 5 HKGICN HK1  0045 0525  05APR  E  KE/LZEAUG
  4 AP SEL 1566-0014 - TOPAS TRAINING UNIVERSITY - A
  5 AP 010-123-2222-M
  6 AP DAEHAN@NAVER.COM-E
  7 TK OK22FEB/SELK1394Z//ETKE
  8 FA PAX 180-5591026037/ETKE/KRW634900/22FEB19/SELK1394Z/
    00039911/S2-3
  9 FB PAX 0000000000 TTP/RT OK ETICKET/S2-3
 10 FE PAX 3.NONENDS. RISS CHRG APPLY. RFND PNTY APPLY./S2-3
 11 FM *M*0
 12 FP CASH
 13 FV PAX KE/S2-3
```

■ FA : 발권된 Ticket번호/E-Ticket 발권항공사/발권된 Total금액/발권일/Office ID

■ FB : A.I.R Data Interface Record Sequence Number : System에 저장된 Data

⑨ E-Ticket 이미지 확인(Ticket 번호 클릭)

E-ticket

처리: Void e-ticket 환불

전자항공권 번호

180-5591026037
KIM/Daehanmr (ADT)

Conjunction	Record Locator	Comp Loc	유형	CRS	상용고객번호	IATA 번호	출발/도착	운임 계산 모드	발급처	발급일
	LZEAUG		ETKT	1A		00039911	SELSEL	0	SEL	22FEB19

#	출발	도착 도시	경유	항공편	등급	날짜	시간	Status	Fare Basis	쿠폰 상태	NVB	NVA	수하물	Involuntary	Indicator
1	ICN	HKG	O	KE 603	M	01APR	0810	OK	MLE0ZRKC	OPEN		01APR20	1PC	-	-
2	HKG	ICN	O	KE 608	M	05APR	0045	OK	MLE0ZRKC	OPEN		01APR20	1PC	-	-

발급 상태: F (첫 번째 발행)

Fare Information

	통화	금액
Published Fare	-	-
Net Fare	-	-
Selling Fare	KRW	560,000
Banker's Rate: -		
Equivalent Fare	-	-
Taxes	KRW	**74900**
총액	KRW	**634900**

Additional Information

Tour code	
Commission	0.00 (P)
Fare Calculation	SEL KE HKG249.66KE SEL249.66NUC499.32END ROE1121.498215
ORIG issue/in EXCH	-
Endorsement/Restrictions	3.NONENDS. RISS CHRG APPLY. RFND PNTY APPLY.
SAC	
기타 정보	Non-endorsable
Related document	

사례 2) 성인 1명, 소아 1명 왕복 여정, 성인 5만 원 할인 적용하여 현금지불 발권

① RT1811-5094(발권하기 위한 PNR 조회)

```
--- RLR ---
RP/SELK1394Z/SELK1394Z          AA/SU  22FEB19/1647Z   LZMZY2
1811-5094
  1.KIM/DAEHANMR   2.KIM/SARANGMISS(CHD/01JAN15)
  3  KE 621  M 01JUN 6 ICNMNL HK2  0800 1055  01JUN  E  KE/LZMZY2
  4  KE 622  M 04JUN 2 MNLICN HK2  1220 1720  04JUN  E  KE/LZMZY2
  5 AP SEL 1566-0014 - TOPAS TRAINING UNIVERSITY - A
  6 AP 010-123-3232-M/P1
  7 AP DAEHAN@NAVER.COM-E/P1
  8 TK OK22FEB/SELK1394Z
  9 SSR CHLD KE HK1 01JAN15/P2
 10 SSR NOCM KE HK2/S3/P1-2
 11 SSR NOCM KE HK2/S4/P1-2
```

```
12 OPW SELK1394Z-08MAR:1900/1C7/KE REQUIRES TICKET ON OR
   BEFORE 09MAR:1900/S3-4
13 OPC SELK1394Z-09MAR:1900/1C8/KE CANCELLATION DUE TO NO
   TICKET/S3-4
```

② FXP(자동운임 산출지시)

```
FXP
  PASSENGER          PTC    NP  FARE<KRW>  TAX/FEE   PER PSGR
01 KIM/DAEHA*        ADT    1      650000    54300     704300
02 KIM/SARAN*        CH     1      487500    54300     541800
                     TOTALS 2     1137500   108600    1246100
```

③ ER(TST 저장하고 PNR 재조회하기)

```
--- TST RLR ---
RP/SELK1394Z/SELK1394Z          AA/SU  22FEB19/1651Z  LZMZY2
1811-5094
  1.KIM/DAEHANMR   2.KIM/SARANGMISS(CHD/01JAN15)
  3  KE 621  M 01JUN 6 ICNMNL HK2  0800 1055  01JUN  E  KE/LZMZY2
  4  KE 622  M 04JUN 2 MNLICN HK2  1220 1720  04JUN  E  KE/LZMZY2
  5 AP SEL 1566-0014 - TOPAS TRAINING UNIVERSITY - A
  6 AP 010-123-3232-M/P1
  7 AP DAEHAN@NAVER.COM-E/P1
  8 TK OK22FEB/SELK1394Z
  9 SSR CHLD KE HK1 01JAN15/P2
 10 SSR NOCM KE HK2/S3/P1-2
 11 SSR NOCM KE HK2/S4/P1-2
 12 OPW SELK1394Z-08MAR:1900/1C7/KE REQUIRES TICKET ON OR BEFORE
      09MAR:1900/S3-4
 13 OPC SELK1394Z-09MAR:1900/1C8/KE CANCELLATION DUE TO NO
      TICKET/S3-4
```

```
14 FE PAX 2.NONENDS. RISS CHRG APPLY-KRW50000. RFND PNTY APPLY.
   /S3-4/P1
15 FE PAX 2.NONENDS. RISS CHRG APPLY-KRW50000. RFND PNTY APPLY.
   /S3-4/P2
16 FV PAX KE/S3-4/P1
17 FV PAX KE/S3-4/P2          → 1, 2번 승객에게 발권구성요소 입력됨
```

④ TQN(운임저장 내용 확인)

```
T   P/S  NAME                TOTAL          FOP          SEGMENTS
1   .1   KIM/DAEHANMR        KRW    704300                  3-4
2   .2   KIM/SARANGMISS      KRW    541800                  3-4
```

■ 성인운임과 소아운임이 산출됨

TQN/T1(성인운임산출 내역보기)

```
TST00001     SELK1394Z AA/23FEB I 0 LD 01JUN19 2359  OD SELSEL
T-
FXP
  1.KIM/DAEHANMR
1      ICN KE  621  M  01JUN 0800  OK MLE0ZRKS            01JUN 1PC
2 O MNL KE  622 M 04JUN  1220  OK MLE0ZRKS            01JUN 1PC
   ICN
FARE  F KRW     650000
TX001 X KRW    14400-YRVA TX002 X KRW    28000-BPDP TX003 X KRW
11900-LIDC
TOTAL   KRW     704300
GRAND TOTAL KRW     704300
SEL KE MNL289.79KE SEL289.79NUC579.58END ROE1121.498215
14.FE 2.NONENDS. RISS CHRG APPLY-KRW50000. RFND PNTY APPLY.
16.FV KE
```

```
TQN/T2 (소아운임 산출내역 보기)

TST00002     SELK1394Z AA/23FEB I 0 LD 01JUN19 2359  OD SELSEL
T-
FXP
  2.KIM/SARANGMISS(CHD/01JAN15)
 1     ICN KE  621 M  01JUN 0800  OK MLE0ZRKS CH25        01JUN 1PC
 2 O MNL KE  622 M 04JUN  1220  OK MLE0ZRKS CH25        01JUN 1PC
    ICN
FARE  F KRW     487500
TX001 X KRW     14400-YRVA TX002 X KRW     28000-BPDP TX003 X KRW
11900-LIDC
TOTAL   KRW     541800
GRAND TOTAL KRW     541800
SEL KE MNL217.34KE SEL217.34NUC434.68END ROE1121.498215
15.FE 2.NONENDS. RISS CHRG APPLY-KRW50000. RFND PNTY APPLY.
17.FV KE
```

⑤ TTN/D50000/T1(성인승객의 TST번호 지정하여 Discount 금액입력)

```
TTN/D50000/T1
TST00001     SELK1394Z AA/23FEB B 1 LD 01JUN19 OD SELSEL SI
T-
FXP
  1.KIM/DAEHANMR
 1     ICN KE  621 M  01JUN 0800  OK MLE0ZRKS           01JUN 1PC
 2 O MNL KE  622 M 04JUN  1220  OK MLE0ZRKS           01JUN 1PC
    ICN
     P KRW        650000
     N KRW        600000              D/C    KRW     50000  할인적용됨
FARE  F KRW     600000
TX001 X KRW     14400-YRVA TX002 X KRW  28000-BPDP TX003 X KRW
11900-LIDC
```

```
TOTAL   KRW     654300
GRAND TOTAL KRW    654300
SEL KE MNL289.79KE SEL289.79NUC579.58END ROE1121.498215
14.FE 2.NONENDS. RISS CHRG APPLY-K
```

⑥ FM0G(Commission) 수수료 없음

⑦ FPCASH(Form of Payment) 현금지불

```
--- TST RLR ---
RP/SELK1394Z/SELK1394Z          AA/SU  22FEB19/1651Z   LZMZY2
1811-5094
  5 AP SEL 1566-0014 - TOPAS TRAINING UNIVERSITY - A
  6 AP 010-123-3232-M/P1
  7 AP DAEHAN@NAVER.COM-E/P1
  8 TK OK22FEB/SELK1394Z
  9 SSR CHLD KE HK1 01JAN15/P2
 10 SSR NOCM KE HK2/S3/P1-2
 11 SSR NOCM KE HK2/S4/P1-2
 12 OPW SELK1394Z-08MAR:1900/1C7/KE REQUIRES TICKET ON OR BEFORE
       09MAR:1900/S3-4
 13 OPC SELK1394Z-09MAR:1900/1C8/KE CANCELLATION DUE TO NO
       TICKET/S3-4
 14 FE PAX 2.NONENDS. RISS CHRG APPLY-KRW50000. RFND PNTY
    APPLY/S3-4/P1
 15 FE PAX 2.NONENDS. RISS CHRG APPLY-KRW50000. RFND PNTY
    APPLY/S3-4/P2
 16 FM *M*0G
 17 FP CASH
 18 FV PAX KE/S3-4/P1
 19 FV PAX KE/S3-4/P2
```

⑧ TTP/RT(발권지시 및 PNR 조회)

```
OK ETICKET
```

⑨ RT(Ticket 번호 입력된 PNR 조회)

```
--- TST RLR ---
RP/SELK1394Z/SELK1394Z            AA/SU  22FEB19/1707Z   LZMZY2
1811-5094
  1.KIM/DAEHANMR   2.KIM/SARANGMISS(CHD/01JAN15)
  3  KE 621  M  01JUN 6 ICNMNL HK2  0800 1055  01JUN  E  KE/LZMZY2
  4  KE 622 M 04JUN 2 MNLICN HK2  1220 1720  04JUN  E  KE/LZMZY2
  5 AP SEL 1566-0014 - TOPAS TRAINING UNIVERSITY - A
  6 AP 010-123-3232-M/P1
  7 AP DAEHAN@NAVER.COM-E/P1
  8 TK PAX OK22FEB/SELK1394Z//ETKE/S3-4/P1-2
  9 SSR CHLD KE HK1 01JAN15/P2
 10 SSR NOCM KE HK2/S3/P1-2
 11 SSR NOCM KE HK2/S4/P1-2
 12 FA PAX 180-5591026040/ETKE/23FEB19/SELK1394Z/00039911/S3-4/P1
 13 FA PAX 180-5591026041/ETKE/KRW541800/23FEB19/SELK1394Z/00039
    911/S3-4/P2
 14 FB PAX 0000000000 TTP/RT OK ETICKET/S3-4/P1
 15 FB PAX 0000000001 TTP/RT OK ETICKET/S3-4/P2
 16 FE PAX 2.NONENDS. RISS CHRG APPLY-KRW50000. RFND PNTY
    APPLY./S3-4/P1
 17 FE PAX 2.NONENDS. RISS CHRG APPLY-KRW50000. RFND PNTY
    APPLY
```

성인 E-TKT

E-ticket

처리: Void e-ticket 환불

전자항공권 번호

180-5591026040
KIM/Daehanmr (ADT)

Conjunction	Record Locator	Comp Loc	유형	CRS	상용고객번호	IATA 번호	출발/도착	운임 계산 모드	발급처	발급일
	LZMZY2		ETKT	1A		00039911	SELSEL	1	SEL	23FEB19

#	출발	도착 도시	경유	항공편	등급	날짜	시간	Status	Fare Basis	쿠폰 상태	NVB	NVA	수하물	Involuntary	Indicator
1	ICN	MNL	O	KE 621	M	01JUN	0800	OK	MLE0ZRKS	OPEN		01JUN20	1PC	-	-
2	MNL	ICN	O	KE 622	M	04JUN	1220	OK	MLE0ZRKS	OPEN		01JUN20	1PC	-	-

발급 상태: F (첫 번째 발행)

Fare Information

	통화	금액
Published Fare	KRW	650,000
Net Fare	KRW	600000
Selling Fare	KRW	650,000
Banker's Rate: -		
Equivalent Fare	-	-
Taxes	KRW	**54300**
총액	KRW	**704300**

Additional Information

Tour code	
Commission	0.00 (P)
Fare Calculation	SEL KE MNL289.79KE SEL289.79NUC579.58END ROE1121.498215
ORIG issue/in EXCH	-
Endorsement/Restrictions	2.NONENDS. RISS CHRG APPLY-KRW50000. RFND PNTY APPLY.
SAC	
기타 정보	Non-endorsable Net reporting IT/BT
Related document	

소아 E-TKT

E-ticket

처리: Void e-ticket 환불

전자항공권 번호

180-5591026041
KIM/Sarangmiss (CHD)

Conjunction	Record Locator	Comp Loc	유형	CRS	상용고객번호	IATA 번호	출발/도착	운임 계산 모드	발급처	발급일
	LZMZY2		ETKT	1A		00039911	SELSEL	0	SEL	23FEB19

#	출발	도착 도시	경유	항공편	등급	날짜	시간	Status	Fare Basis	쿠폰 상태	NVB	NVA	수하물	Involuntary	Indicator
1	ICN	MNL	O	KE 621	M	01JUN	0800	OK	MLE0ZRKS/CH25	OPEN		01JUN20	1PC	-	-
2	MNL	ICN	O	KE 622	M	04JUN	1220	OK	MLE0ZRKS/CH25	OPEN		01JUN20	1PC	-	-

발급 상태: F (첫 번째 발행)

Fare Information

	통화	금액
Published Fare	-	-
Net Fare	-	-
Selling Fare	KRW	487,500
Banker's Rate: -		
Equivalent Fare	-	-
Taxes	KRW	**54300**
총액	KRW	**541800**

Additional Information

Tour code	
Commission	0.00 (P)
Fare Calculation	SEL KE MNL217.34KE SEL217.34NUC434.68END ROE1121.498215
ORIG issue/in EXCH	-
Endorsement/Restrictions	2.NONENDS. RISS CHRG APPLY-KRW50000. RFND PNTY APPLY.
SAC	
기타 정보	Non-endorsable
Related document	

5 PNR Change(PC) Flag

발권을 하기 위해 TST 생성 후, 승객의 이름 변경 또는 비행편이 변경된 경우 TST내 PNR Change Flag(PC)가 표시되면서, Ticket 발행 불가하므로 이를 제거해야 한다.

- 운임, 여정 등이 기존과 동일 한 경우 : PNR Change Flag 제거 후, TST Update 후 발권
- 운임, 여정 등이 변경 : 기존 TST 삭제 후 Reprice하여 새로운 TST를 생성 후 발권

1) PC Flag 제거하고 발권하기 예제

① 최초 여정 작성 : SEL/BKK/SEL, KE651/654, 12월 10일 출발, 12월 15일 귀국

```
--- TST RLR ---
RP/SELK1394Z/SELK1394Z          AA/GS   4FEB15/0304Z   3MAK6H
0910-5433
 1.KIM/SANGJUNGMR   2.KIM/MINKOOKMR
 3  KE 651 Y 10DEC 4 ICNBKK HK2   1715 2105   10DEC  E  KE/3MAK6H
 4  KE 654 Y 15DEC 2 BKKICN HK2   0030 0735   15DEC  E  KE/3MAK6H
```

② FXP → FXT2/P1,2   FXP 실행 및 TST 저장

```
FXP
 * FARE BASIS *  DISC   *  PSGR     * FARE<KRW>  * MSG  *T
01 YRT+YKRTKE *          * P1-2      *  1354200 *      *Y
02 YKRTKE    *
  * P1-2          *  1265400 *       *Y
FXT2/P1,2
  PASSENGER           PTC    NP  FARE<KRW>  TAX/FEE   PER PSGR
01 KIM/SANGJ*         ADT     1     1200000     65400      1265400
02 KIM/MINKO*         ADT     1     1200000     65400      1265400
                   TOTALS     2     2400000    130800      2530800
```

③ SBKE652*4 귀국편 KE652로 변경

```
--- TST RLR ---
RP/SELK1394Z/SELK1394Z          AA/GS   4FEB15/0334Z   3MAK6H
0910-5433
  1.KIM/SANGJUNGMR  2.KIM/MINKOOKMR
  3  KE 651 Y 10DEC 4 ICNBKK HK2   1715 2105  10DEC  E  KE/3MAK6H
  4  KE 652 Y 15DEC 2 BKKICN HK2  2245 0550  16DEC  E  KE/3MAK6H
```

④ TQT TQT 확인

```
TQT
TST00001  PC SELK1394Z AA/04FEB M 0 LD 10DEC15 OD SELBKK SI
T-
FXP
   1.KIM/SANGJUNGMR   2.KIM/MINKOOKMR
 1   ICN KE  651 Y 10DEC 1715   OK  YKRTKE   0DEC  1PC    BKK
FARE  F KRW    1200000
TX001 X KRW    13400-YRVA TX002 X KRW    28000-BPDP TX003 X KRW
24000-TSLA
TOTAL   KRW    1265400
GRAND TOTAL KRW    1265400
SEL KE BKK539.61KE SEL539.61NUC1079.22END ROE1111.90000
9.FE NONENDS.
10.FV KE
```

■ PC Indicator가 표시되었고, BKK/ICN 구간 TST에서 삭제되었음

⑤ 여정 UPDATE

TTU/T1/S3-4	PNR상의 3~4번 SEG를 TST에 반영, 전체여정을 Update
UPDATE - OK	

⑥ TST UPDATE 사항 확인

```
TST00001  PC SELK1394Z AA/04FEB M 0 LD 10DEC15 OD SELSEL SI
T-
FXP
  1.KIM/SANGJUNGMR   2.KIM/MINKOOKMR

 1   ICN KE  651 Y 10DEC 1715  OK YKRTKE              10DEC 1PC
2 O BKK KE  652 Y 15DEC 2245  OK
   ICN
FARE  F KRW    1200000
TX001 X KRW    13400-YRVA TX002 X KRW    28000-BPDP TX003 X KRW
24000-TSLA
TOTAL   KRW    1265400
GRAND TOTAL KRW    1265400
SEL KE BKK539.61KE SEL539.61NUC1079.22END ROE1111.900000
 9.FE NONENDS.
 10.FV KE
```

⑦ 운임변동은 없다고 가정, BKK/ICN 구간의 FARE BASIS, MAX, FBA 입력 필요

```
TTK/T1/L2/BYKRTKE/VXX10DEC/A1PC
```

```
TST00001  PC SELK1394Z AA/04FEB M 1 LD 10DEC15 OD SELSEL SI
T-
FXP
  1.KIM/SANGJUNGMR   2.KIM/MINKOOKMR

 1    ICN KE  651 Y 10DEC 1715  OK YKRTKE              10DEC 1PC
2 O BKK KE  652 Y 15DEC 2245  OK YKRTKE              10DEC 1PC
   ICN
FARE  F KRW    1200000
TX001 X KRW    13400-YRVA TX002 X KRW    28000-BPDP TX003 X KRW
24000-TSLA
TOTAL   KRW    1265400
GRAND TOTAL KRW    1265400
SEL KE BKK539.61KE SEL539.61NUC1079.22END ROE1111.900000
9.FE NONENDS.
10.FV KE
```

⑧ `FPCASH` 지불수단 입력

```
--- TST RLR ---
RP/SELK1394Z/SELK1394Z          AA/GS   4FEB15/0334Z   3MAK6H
0910-5433
  1.KIM/SANGJUNGMR   2.KIM/MINKOOKMR
  3  KE 651 Y 10DEC 4 ICNBKK HK2  1715  2105  10DEC  E  KE/3MAK6H
  4  KE 652 Y 15DEC 2 BKKICN HK2  2245 0550  16DEC  E  KE/3MAK6H
  5 AP SEL 1566-0014 - TOPAS TRAINING UNIVERSITY - A
  6 TK OK04FEB/SELK1394Z
  7 OPW SELK1394Z-17FEB:1700/1C7/KE REQUIRES TICKET ON OR BEFORE
      18FEB:1700/S3-4
  8 OPC SELK1394Z-18FEB:1700/1C8/KE CANCELLATION DUE TO NO
      TICKET/S3-4
  9 FE PAX NONENDS./S3-4/P1-2
 10 FP CASH
 11 FV PAX KE/S3-4/P1-2
```

⑨ 발권 지시

PC Flag를 제거하지 않고 발권 지시를 하는 경우 Itinerary/Name Change-Verify TST라는 Error 메시지가 나오며 E-Ticket 발권이 되지 않음

`TTP/T1/F` TTP-발권 지시어, T1-TST1번, F : PC Flag 제거

`OK ETICKET`

⑩ 발권 확인

```
RT09105433
--- TST RLR ---
RP/SELK1394Z/SELK1394Z          AA/GS   4FEB15/0419Z   3MAK6H
0910-5433
  1.KIM/SANGJUNGMR   2.KIM/MINKOOKMR
  3  KE 651 Y 10DEC 4 ICNBKK HK2  1715   2105  10DEC  E  KE/3MAK6H
  4  KE 652 Y 15DEC 2 BKKICN HK2  2245 0550  16DEC  E  KE/3MAK6H
  5 AP SEL 1566-0014 - TOPAS TRAINING UNIVERSITY - A
  6 TK OK04FEB/SELK1394Z//ETKE
  7 FA PAX 180-5840290527/ETKE/KRW1265400/04FEB15/SELK1394Z/0003
       9911/S3-4/P1
  8 FA PAX 180-5840290528/ETKE/KRW1265400/04FEB15/SELK1394Z/0003
       9911/S3-4/P2
  9 FB PAX 0400021133 TTP OK ETICKET/S3-4/P1-2
 10 FE PAX NONENDS./S3-4/P1-2
 11 FM *M*0
 12 FP CASH
 13 FV PAX KE/S3-4/P1-2
```

6 E-Ticket 판독

```
① TKT-1805840290527                ② 1A LOC-3MAK4H
③ OD-SELSEL SI-  ④ FCMI-0  ⑤ POI-SEL ⑥ DOI-02FEB  ⑦ IOI-1732004
⑧ 1.KIM/SANGJUNGMR   ⑨ ADT   ⑩ ST
 1  ICN KE  651 Y 10DEC 1715  OK ⑪ YKRTKE      ⑫ 10DEC ⑬1PC
2 O BKK KE  652 Y 15DEC 2245  OK   YKRTKE        10DEC  1PC
     ICN
⑭ FARE  F KRW     900000
TX001 X KRW  13400-YRVA TX002 X KRW  28000-BPDP TX003 X KRW
24000-TSLA
⑮ TOTAL   KRW     965400
⑯ SEL KE BKK539.61KE SEL539.61NUC1079.22END ROE1111.900000

⑰ FP CASH+CCAXXXXXXXXXXXXX1003/0119*E00/N12345678/KRW200000
⑱ FE NONENDS.
⑲ FOR TAX/FEE DETAILS USE TWD/TAX
```

① 항공권 번호

② 1A : 아마데우스, LOC(Record Locator :예약번호)

③ 출발지/ 목적지

④ Fare Calculation Mode Indicators(o : Automatically Priced)

- 여정운임계산 시 Fare Quote System에 의해 생성
- 항공권 발권 시 Ticket Server에 의해 생성
- Ticket Server에 의해 생성된 FCMI 코드가 항상 우선함

⑤ POI(Place Of Issue) 항공권 발행지

⑥ DOI(Date Of Issue) 항공권 발행일

⑦ IOI(IATA Number Of Issue 항공권 발행여행사 IATA Number)

⑧ 승객명과 타이틀

⑨ 승객유형 ADT(Adult)

⑩ Coupon Status(O : Open for Use 탑승가능)

- A : Airport Control　　I : Irregular Operations
- O : Open for Use　　V : Void
- R : Refund　　E : Exchanged
- U : Unavailable

⑪ Fare Basis 운임의 종류

⑫ 최대체류기간

⑬ 무료수하물

- 승객이 적용받는 Fare Basis를 기준으로 허용되는 무료수하물이 표시됨
- Piece System과 Weight System을 적용하여 기재된다.

⑭ 운임(Shown Fare)

⑮ Total운임(Shown Fare + Tax)

⑯ 운임계산기록

⑰ 지불수단(Form Of Payment)

⑱ 항공권 양도여부(FE NONENDS)

FE는 승객이 해당 항공권을 사용하는데 있어 적용받은 운임에 근거한 각종 제한사항이나 알아두어야 할 주의사항 등을 Free Format으로 기재하는 란이므로 다음과 같은 사례가 있다.

- 환불 및 이서에 대한 제한 : NON - ENDS / NON RFND
- 유효기간 제한 : ALL TRVL MUST BE COMPLETED BY 01DEC15
- 여정 변경에 대한 제한 : NON RRT, NON REROUTABLE
- 예약 변경에 대한 제한 : RSVN CHNG NOT PERMITTED
- 운임 적용에 대한 제한 사항 : FARE SUBJ TO GOV 'T APPROVAL
- 소아/유아 운임 적용시 생년월일 : DOB 24DEC12
- 동반보호자 항공권 번호 연결 : 18022335010822

⑲ 세부 Tax 조회는 TWD/TAX 지시어 사용하여 조회

7 E-Ticket 이미지 조회

항공권 발행 후 E-Ticket을 조회하기 위해서는 PNR을 이용하거나 항공권 번호를 이용하는 방법으로 다양하게 조회할 수 있다.

지시어	설명
TWD	PNR에서 ET Record 조회(승객 1명인 경우)
TWD/L9	PNR에서 FA 항공권 Line 번호로 조회
TWD/TKT180-5840290530	TKT 번호로 ET Record 조회
TWD/VKE/TVL19JULICNLHR-SONG/ILKOOK	발권항공사, 출발일, 구간, 승객명으로 조회
TWD/1	1번 List 조회
TWDRT	마지막 조회했던 ET Record 조회 (처음 Image 조회 후 30분 이내만 가능)

1) PNR을 이용한 조회

RT0988-5824 → TWD/L9

PNR 조회 후 9번에 입력된 항공권번호 조회

```
 --- TST RLR ---
RP/SELK1394Z/SELK1394Z          AA/GS   4FEB15/0839Z   3MBEEL
0988-5824
  1.SONG/ILKOOKMR   2.SONG/MANSEMSTR(CHD/01JUL05)
  3  KE 907 M 19JUL 7 ICNLHR HK2  1310 1620  19JUL  E  KE/3MBEEL
  4  KE 908 M 19AUG 3 LHRICN HK2  2005 1600  20AUG  E  KE/3MBEEL
  5 AP SEL 1566-0014 - TOPAS TRAINING UNIVERSITY - A
  6 AP SEL 1566-0014 - TOPAS TRAINING UNIVERSITY - A
  7 TK PAX OK04FEB/SELK1394Z//ETKE/S3-4/P1-2
  8 SSR CHLD KE HK1 01JUL05/P2
  9 FA PAX 180-5840290530/ETKE/04FEB15/SELK1394Z/00039911
       /S3-4/P1
 10 FA PAX 180-5840290531/ETKE/04FEB15/SELK1394Z/00039911
       /S3-4/P2
```

RT0999-6145 → TWD/L10

10번에 입력된 유아 항공권 조회

```
--- TST RLR ---
RP/SELK1394Z/SELK1394Z          AA/GS  5FEB15/0500Z  3MFAFW
0999-6145
 1.LEE/KANGSOONMS(INFLEE/JEHYUNMSTR/01JAN14)
 2 KE2707 E 15MAY 5 GMPHND HK1 0900 1105 15MAY E KE/3MFAFW
 3 KE2712 E 20MAY 3 HNDGMP HK1 0915 1130 20MAY E KE/3MFAFW
 4 AP SEL 1566-0014 - TOPAS TRAINING UNIVERSITY - A
 5 TK OK05FEB/SELK1394Z//ETKE
 6 TK PAX OK05FEB/SELK1394Z//ETKE/S2-3
 7 SSR INFT KE HK1 LEE/JEHYUNMSTR 01JAN14/S2
 8 SSR INFT KE HK1 LEE/JEHYUNMSTR 01JAN14/S3
 9 FA PAX 180-5840290532/ETKE/05FEB15/SELK1394Z/00039911/S2-3
10 FA INF 180-5840290533/ETKE/KRW50000/05FEB15/SELK1394Z/000399
   11/S2-3
```

```
TWD/L10 : 유아
TKT-1805840290533        RCI-              1A LOC-3MFAFW
 OD-SELSEL SI-    FCMI-0  POI-SEL  DOI-05FEB15  IOI-00039911
  1.LEE/JEHYUNMSTR            INF       ST  N
 1 O GMPHND  KE2707 E 15MAY 0900 NS O  ELEKJ1/IN90  15NOV 1PC
 2 O HNDGMP  KE2712 E 20MAY 0915 NS O  ELEKJ1/IN90  15NOV 1PC
FARE   F KRW        50000
TOTAL   KRW         50000
/FC SEL KE TYO22.48KE SEL22.48NUC44.96END ROE1111.900000
FE NONENDS. RISS CHRG APPLY. RFND PNTY APPLY. NO MILE UG. DOB 01
JAN14
FP CCVIXXXXXXXXXXXX1111/0419
NON-ENDORSABLE
CONJ 1805840290532
```

2) 발권항공사, 출발일, 구간, 승객명으로 조회

TWD/VKE/TVL19JULICNLHR-SONG

7월19일 ICNLHR KE항공 발권한 Last Name 'SONG' 승객의 항공권 번호 조회

```
TWD/VKE/TVL19JULICNLHR-SONG

  TKT NBR        NAME       DOT    FLT NBR  1ST SEG
1 1805840290531  SONG       19JUL  KE907    ICNLHR
2 1805840290530  SONG       19JUL  KE907    ICNLHR
3 1805840282316  SONG       19JUL  KE907    ICNLHR
4 1805840282317  SONG       19JUL  KE907    ICNLHR
```

```
TWD/2  → 2번승객 조회
TKT-1805840290530       RCI-                        1A LOC-3MBEEL
OD-SELSEL  SI-     FCMI-1  POI-SEL  DOI-04FEB15  IOI-00039911
  1.SONG/ILKOOKMR                ADT       ST   N
1 O  ICNLHR KE 907 M 19JUL  1310 OK O MHWEKU  19JUL 1PC
2 O LHRICN KE 908 M 19AUG 2005 OK O MHWEKU  19JUL 1PC
FARE   N KRW        2027700     P KRW      2127700
TOTALTAX KRW        250800
TOTAL    KRW        2278500      KRW       2378500
/FC SEL KE LON956.78KE SEL956.78NUC1913.56END ROE1111.900000
FE NONENDS. RISS CHRG APPLY-KRW100000. RFND PNTY APPLY-KRW150000

FP CASH
FT 5AAAIININE
NON-ENDORSABLE
FOR TAX/FEE DETAILS USE TWD/TAX
NET REPORTING IT/BT
```

※ Coutpon Status

Coupon Status를 통해 E-Ticket Coupon의 흐름을 파악할 수 있다.

첫 번째 단계		중간 단계		마지막 단계	
O	OPEN	A	Airport Control	F	Flown
		C	Checked In	V	Void
		L	Lifted/Boarded	R	Refunded
		I	Irregular Operations	E	Exchanged
		S	Suspended	P	Printed
		U	Unavailable	X	Printed Exchanged
				G	Convert to FIM
				Y	Refund Tax/Fee Only
				Z	No Longer Usable

8 Itinerary & Receipt(ITR : 여정발급확인서)

항공권의 세부내역과 법적 고지문 등을 안내하는 증표로, 발권 후 반드시 고객에게 전달하여 여행국가 입국 시 차질이 없도록 해야 하며, 복편 여정에 대한 Ticket을 대신하는 증서이기도 하므로 여행기간 동안 계속 소지해야 한다. 분실 시에는 재발급을 요청해야 하며 ITR은 E-Mail, FAX 및 PC-Printer를 이용해 발행이 가능하다.

■대한항공 E-Ticket 확인증

KOREAN AIR

0723 / 07FEB14

인쇄하기

e-티켓 확인증 / e-Ticket Itinerary & Receipt

승객성명	Passenger Name	**LEE/SEUNGHUNMR**
예약번호	Booking Reference	5697040
항공권번호	Ticket Number	1802311535748

여정 Itinerary

편명 Flight **KE 907** Operated by **KE (KOREAN AIR)**

출발 Departure	**서울 (ICN) Seoul/Incheon**	**08FEB14**	**13:05** Local Time	Terminal No. : -
도착 Arrival	런던 (LHR) Heathrow	08FEB14	16:30 Local Time	Terminal No. : 4

예상비행시간	Flight Duration	12H 25M	SKYPASS 마일리지	SKYPASS Miles	-
예약등급	Class	X (일반석)	항공권 유효기간	Not Valid Before	-
예약상태	Status	SA (미확정)		Not Valid After	07MAY14
운임	Fare Basis	YIDZS7R2	수하물	Baggage	1 Pieces
기종	Aircraft Type	BOEING 777-300 KOSMO SUITES			

편명 Flight **KE 908** Operated by **KE (KOREAN AIR)**

출발 Departure	**런던 (LHR) Heathrow**	**16FEB14**	**18:50** Local Time	Terminal No. : 4
도착 Arrival	서울 (ICN) Seoul/Incheon	17FEB14	14:45 Local Time	Terminal No. : -

예상비행시간	Flight Duration	10H 55M	SKYPASS 마일리지	SKYPASS Miles	-
예약등급	Class	X (일반석)	항공권 유효기간	Not Valid Before	-
예약상태	Status	SA (미확정)		Not Valid After	07MAY14
운임	Fare Basis	YIDZS7R2	수하물	Baggage	1 Pieces
기종	Aircraft Type	BOEING 777-300 KOSMO SUITES			

* 스케줄 및 기종은 부득이한 사유로 사전 예고없이 변경될 수 있습니다.
* 할인 또는 무임 항공권의 경우 예약 등급에 따라 마일리지 적립률이 상이하거나 마일리지가 제공되지 않습니다.

항공권 운임정보 Ticket/Fare Information

연결 항공권	Conj.Ticket No.	-
운임산출내역	Fare Calculation	M*SEL KE LON61.00KE SEL61.00 NUC122.00END ROE1056.772
산출 운임	Fare Amount	KRW 129000 (Paid Amount KRW129000)
지불 화폐	Equiv. Fare Paid	-
세금 수수료	Tax/Fee/Charge	Paid Amount KRW248800
* 세금	Tax	KRW 28000BP 71500UB 149300GB
총 산출금액	Total Amount	KRW 377800
실제 지불금액	Total Paid Amount	KRW 377800
지불수단	Form of Payment	14E1IPIL053778(Y/SUBLO) CC VI************0169/****/A00
발행일 발행처	Ticket Issue Date/Place	07FEB14 / 17392255 / KAL OTO SEOUL

* 지불금액은 (Total Paid Amount)에 표기된 금액을 확인하시기 바랍니다.

1) E-Ticket 확인증 내역

(1) 승객성명(Passenger Name)

성(Last Name)을 먼저 기재하고 이름(First Name)을 나중에 가재하며 마지막에 호칭(Title)을 붙인다. 원칙적으로 승객의 여권에 기재된 Name Spelling과 동일하게 기재해야 한다.

(2) 여정(Itinerary)

❶ 편명(Flight)

승객이 실제로 이용하는 예약 항공사의 Two Letter Code와 비행편명이 기재되고 공동운항편인 경우 예약편명 뒤에 오는 Operated by AF 등으로 운항사를 명시한다.

❷ 출발(Departure)/**도착**(Arrival)

- 승객이 여행하는 도시코드 및 도시명이 기재된다. 어느 한 도시에 두 개 이상의 공항이 있을 경우 승객이 이용하는 공항 Code가 기재된다.
- 출도착 일자는 일/월/연도순으로, 출도착시간은 현지시각 24시간 기준으로 기재되며 출도착 공항의 터미널 번호가 있는 경우 해당 터미널이 기재된다.

❸ 예상비행시간(Flight Time)

스케줄상의 출도착 시간에 의거한 비행소요시간이며 시간은 Hour의 약자 'H' 로 분은 Minute의 약자 ' M' 으로 표시한다. 예) 6시간30분은 06H 30M

❹ SKYPASS 마일리지

해당 항공권으로 탑승 시 제공되는 대한항공 SKYAPSS 마일리지이다.

❺ 예약등급(Class)

예약등급은 실제 예약된 예약등급(Booking Class)이 영문 코드로 Y, M 등으로 기재되며 해당 등급의 실제 탑승 Class(Cabin Class)를 괄호 안에 (일반석), (프레스티지석) 등으로 명시한다.

❻ 항공권 유효기간

- 항공권의 정확한 유효 기간에 대하여 일자로 표시하는 부분이다. 일/월/년의 순으로 표시한다.
- Not Valid Before란은 최소 체류 의무기간을 규정하며, Not Valid After란은 최대 체류 허용기간 즉 항공권이 유효한 마지막 일자를 의미한다.

❼ **예약상태**(Status)

예약의 확약 여부를 명시하는 란이다.

OK(확약), RQ(대기), NS(No Seat로 좌석 점유하지 않는 유아)

SA : 사전 예약이 불가하고, 잔여 좌석이 있는 경우에만 탑승이 가능한 SUBLO 항공권에 기재되는 Code이며 일반적으로 항공사 직원용 항공권에 많이 사용된다.

❽ **수하물**(Baggage)

승객이 적용 받는 Fare Basis를 기준으로 허용되는 무료 수하물이 기재된다. 미주 관련 구간에는 Piece System을 기타 구간에는 Weight System을 적용하여 기재한다.

❾ **운임**(Fare Basis)

해당 항공권에 적용된 운임의 종류를 표시하는 란이다.(6장 항공운임의 적용/ Fare Basis 참고)

(3) 항공권 운임정보(Ticket / Fare Information)

❶ **연결항공권**(Conj. Ticket No)

1매 이상의 항공권이 연결되어 발행되는 경우(여행 구간이 4구간 이상이거나 해당 운임의 적용 Rule상 Interline 항공권 번호가 반드시 연결되어야 할 때)나 Child 또는 Infant 항공권에 동반 보호자의 항공권 번호를 기재하는 데에 사용하는 란이다.

❷ **운임산출내역**(Fare Calculation)

항공권의 실제 운임 계산 내역이 기재되는 란이다.

❸ **산출운임**(Fare Amount)

최초 여행 출발 국가의 통화를 기준으로 산출된 항공운임을 통화 Code와 함께 기재한다.

❹ **지불화폐**(Equiv. Fare Paid)

최초 출발 지국 통화 이외의 다른 통화로 지불하는 경우, 운임을 지불통화 금액으로 환산하여 통화 Code와 함께 기재한다.

❺ **세금/기타수수료**(Tax/Fee/Charge)

TAX 및 공항세, 유류할증료 등이 기재된다.

❻ **총산출금액**(Total Amount)

항공운임에 세금 및 기타수수료를 모두 더한 총 지불금액이 기재된다.

❼ **지불수단**(Form of Payment)

운임의 지불 수단을 표시하는 란이며, 재발행 시에도 최초 항공권 구입 시의 지불 수단을 재 발행되는 항공권에 반드시 표기하여야 한다.

현금 : CASH

CREDIT CARD : C/C AX376221339021000/0502/E00

후불(INVOICE) : INV

PTA : PT / CASH / AGT

❽ **발행일/발행처**(e-Ticket Issue, Date Issue)

항공권의 발행 일자 및 발행 장소(여행사 혹은 항공사의 IATA번호, 명칭)가 기재된다.

연습문제

1. 다음 조건에 따라 일반석 가장 저렴한 요금으로 예약 및 발권 완료하시오.

```
** AMADEUS AVAILABILITY - AN ** SIN SINGAPORE.SG       85 FR 01MAY
0000
 1  KE 643  P5 A1 J9 C9 D9 I9 Z2 /ICN  SIN 2  1420   1930  E0/773        6:10
            Y9 B9 M9 S9 H9 E9 K0 L9 Q9 N9 T9 GR
 2  KE 641  R5 AL J9 C9 D9 I3 Z3 /ICN  SIN 2  1840   2350  E0/77W        6:10
            Y9 B9 M9 S9 H9 E9 K0 L9 Q9 N9 T9 GR

** AMADEUS AVAILABILITY - AN ** SEL SEOUL.KR           99 FR 15MAY
0000
 1  KE 642  R8 A2 J9 C9 D9 I9 Z8 /SIN 2 ICN   0110   0825  E0/77W        6:15
            Y9 B9 M9 S9 H9 E9 K0 L9 Q9 N9 T9 GR
 2  KE 644  P6 A2 J9 C9 D9 I9 Z7 /SIN 2 ICN   2235   0555+1E0/773        6:20
            Y9 B9 M9 S9 H9 E9 K0 L9 Q9 N9 T9 GR
```

① 예약 상황을 보고 괄호안에 들어가는 가장 저렴한 일반석으로 예약하시오.

2 KE 643 ( ) 01MAY 5 ICNSIN HK1 1420 1930 01MAY E 0 773 M
SEE RTSVC

3 KE 644 ( ) 15MAY 5 SINICN HK1 2235 0555 16MAY E 0 773 D
SEE RTSVC

② 예약 및 발권을 하기 위한 ENTRY를 공란에 작성하시오.

조건	ENTRY
본인 이름으로 예약 작성	
KE643/KE644 BKG CLS	
PNR 번호	
운임 산출 및 TST 저장	
TST 조회	
Commission 입력(0 Gross COMM)	
지불수단	
발권 지시	
항공권 이미지 확인	

③ 하기 조건에 따라 발권 완료하시오.

발권 조건 : 할인 없음 / NO COMM

지불 수단 : 카드 AX371690024301003/01월19년/3개월 할부/승인번호 12345678

2. 다음 조건에 따라 예약 및 발권 완료하고 예약번호와 항공권번호를 쓰시오.

1) 예약번호

2) 항공권 번호 – 성인

소아

승 객 명 : 본인. 강소아 (여, 2016년 3월31일생)
여 정 : ICN BKK 11월5일 KE 첫편
BKK ICN 11월10일 KE 첫편
좌석등급 : 일반석 좌석 가능한 가장 낮은 운임
연 락 처 : 여행사 및 본인 휴대폰번호, 이메일주소 입력
기 타 : 소아 기내식 미신청
할인 및 지불수단 : 할인금액 없고 현금발권

항공여객발권실무

Fare & **Ticketing** for Airline Passengers

부록

항공여객 전문용어

부록

항공여객 전문용어

자료원 : IATA, 2018

Accompanied

When used for children and infant fares, this shall mean the child/infant must be accompanied by an adult paying an applicable adult fare or traveling at industry free or reduced fare tickets

ACK

A sub-message in ASM/SSMs advising the sender that the message content has been accepted by the receiving system and has been successfully processed (acknowledged).

Ad Hoc Schedule

A variation, addition or cancellation from the basic schedule of one or more flights on single dates.

Add-On

An amount used only to construct an unspecified through fare.

Administrating Carrier

The airline that has the financial and commercial responsibility of a flight and that may or may not be the Operating Carrier.

Adult

For Tariff purposes, a person who has reached his/her 12th birthday as of the date of commencement of travel

Advance Boarding Pass

Term used for a process that allows the issuance of a boarding pass in advance of flight departure. Generally, this is prior to the last 24 hours prior to scheduled flight departure.

Advance Seat Reservation

Term used for a process that allows a specific seat to be booked in advance of departure, e.g., when the reservation was originally booked.

Agency

General term referring to a travel agency. The agency may or may not be accredited. See "Travel agency" for additional information.

Agent

Any person who interacts with the system to facilitate airline operational activities. Depending on business process area, agents may interact directly with customers (reservations, ticket counter and gate agents) or may operate in a back-office environment (load planning, schedules & inventory.)

Agent

User of a computer system. This generic term includes both retail travel agents and the staff of airlines' own reservations, ticket, airport personnel or their handler.

Air Waybill

The document entitled Air Waybill/Air Consignment Note made out by or on behalf of the shipper which evidences the contract between the shipper and carrier(s) for carriage of goods over routes of the carrier(s).

Aircraft Configuration

Planned utilization layout of aircraft interior space. It may identify the space by compartment and/or Reservation Booking Designator (RBD).

AIRIMP

ATA/IATA Reservations Interline Message Procedures – Passenger (ATA/IATA). A guide to teletype message formats and rules that govern transmission circumstances for reservation functions.

Airline Code

See "Airline Designators (IATA)" and "Airline Designators (ICAO)".

Airline Designators (IATA)

IATA airline designators are two or three character codes assigned by the International Air Transport Association (IATA). Designators are used to identify an airline for all commercial purposes, including reservations, timetables, tickets, tariffs, air waybills and in airline interline telecommunications. In the case of two-character designators, they may consist of two alpha characters, one alpha with one numeric, or one numeric with one alpha. In the case of CRS Suppliers, they may only consist of one numeric (number "1" only) and one alpha. In the case of three-character designators, they must always contain three alpha characters.

Airline Reservation System (ARS)

A computerized system containing information about schedules, availability, fares and related services, and through which airline inventory is maintained, reservations can be made and/or tickets issued. Typically, only airline offices (ATO, CTO, CRC, etc) or their General Sales Agents (GSAs) utilize the ARS. See "Airline System".

Airline System

Computer system maintained by an airline or group of airlines, which holds one or more of the following facilities for an airline: 1) reservations, 2) schedules, 3) inventory, 4) check-in and/or 5) weight and balance. See "Airline Reservation System".

Airline, Carrying

A party whose routes a passenger and his baggage are transported or are to be transported.

Airline, Delivering

The airline over whose routes a passenger and his baggage are transported or are to be transported from the point of origin or stopover or a transfer poing, to the nexter interline connection point.

Airline, Issuing

See "Carrier, Issuing".

Airline, Originating

The airline upon whose services the interline transportation of a passenger and his baggage either commences at the original place of departure or continues from place of stopover.

Airlines Reporting Corporation

Airlines Reporting Corporation (ARC) provides of sales and settlement solutions for the travel and hospitality industry. It operates primarily in the North American and Caribbean markets.

Airport Handling Manual

The manual was developed under the auspices of IATA over a period of 30 years and the standards represent the most practical basic airport handling procedures for passengers and their baggage, cargo, and mail.

Alliance

Three or more airlines participating in a commercial relationship or joint venture, where (i) a joint and commonly identifiable product is marketed under a single commercial name or brand; and (ii) this commercial name or brand is promoted to the public through the airlines participating in the alliance and its agents; and (iii) the commercial name or brand is used to identify the alliance services at airports and other service delivery points.

Allowance, Free Baggage

The baggage which may be carried without payment of a charge in addition to the fare.

Alternative Reservation

A definite reservation covering space on flight other than one originally preferred by passenger.

APEX

Advance Purchase Excursion Fares?

APIS

Advance Passenger Information System. An EDIFACT batch message (PAXLST) developed to provide government officers with pre-arrival and departure manifest data on all passengers and crew members. The message contains selected information for each passenger or crew member and this information is called "Advance Passenger Information". This message is used by many countries. See "PAXLST".

ARNK

Arrival unknown or via means other than scheduled air service. Used in reservations to fill a gap in the itinerary.

Arrange (or make arrangements for)

This term implies that the Handling Company may request an outside agency to perform the service in question. The charge of the outside agency shall be paid by the Carrier. The Handling Company assumes no liability toward the Carrier for such arrangements.

Assembly Point

A point in the travel itinerary where an entire qualifying group of passengers assemble and commence transportation as a group.

Assigned Seat

Assigned seats refer to specific seats that are designated as one of the following: 'allocated', 'allotted', 'blocked', 'blocked transit', 'reserved', and 'last to be used'.

ATB

Automatic Ticket and Boarding Pass. Machine-readable single document which combines the functions of two documents.

ATD

Actual departure time defined by the carrier procedures as wheels up, chocks off, or brakes off. Governments need to identify one of these definitions for purposes of data transmission.

ATPCO

See "Airline Tariff Publishing Company".

Automated Ticket

A form of Passenger Ticket and Baggage Check designed for issue in various printing devices for which data is computer generated. "AUTOMATED TICKET/BOARDING PASS (ATB)" is the form of automated ticket and boarding pass described in Resolutions 722c and 722d. It is a single copy non-carbonised ticket (normally on card stock) with each coupon imprinted separately. Each coupon used for air transport is comprised of a flight coupon and a detachable passenger coupon and boarding pass for a specific flight. One coupon is issued as the passenger receipt which together with all passenger coupons and boarding passes builds up the passenger copy of the passenger ticket and baggage check.

Automated Ticketing Services Agreement

An agreement between air carriers which permits the System of a Servicing Airline to issue Neutral Tickets on behalf of itself and a number of other Air Carriers.

Auxiliary Service Operator

A term used to designate a vendor who provides desired services and/or accommodations needed by the passenger in conjunction with airline space, e.g., car and hotel.

Availability

The process of conveying information on the availability of seats that may be sold by an agent. This information may contain inventory status, time, number of stops, etc.

Availability Display

A listing of one or more flights which gives availability information. This information may include, though not be limited to, flight timings, routings, class codes, meal codes and service information.

AVS

Availability Status Messages which are bilaterally exchanged between reservations systems to enable accurate status of flight availability. The messages are transmitted in industry-standard AIRIMP formats, usually by teletype, but sometimes by direct links between systems. Typically, the status codes are two alpha codes indicating the status of seats available for sell on a flight/class/date/segment or flight/class/date, e.g., AS for "flight open for automatic selling" and CL for "flight closed - waitlist open". The status may also be numeric providing the number of seats. See Numeric AVS for further definition.

Baggage

Equivalent to the term "Luggage". Articles, effects and other personal property of a passenger as are necessary or appropriate for wear, use, comfort or convenience in connection with his trip. Unless otherwise specified, it includes both checked and unchecked baggage.

Baggage Check

Those portions of the ticket or baggage tag which provide for the carriage of passenger' s checked baggage and which are issued by carrier as a receipt for passenger' s checked baggage.

Baggage Tag

A document issued by carrier solely for identification of checked baggage, the baggage (strap) tag portion of which is attached by carrier to a particular article of checked baggage and the baggage (identification) tag portion of which is given to the passenger.

Baggage Transfer

Baggage arriving at a point on one flight and continuing its journey on another flight within a defined time limit.

Baggage, Checked

Equivalent to "Luggage, Registered". Baggage of which the carrier takes sole custody and for which carrier has issued a baggage check.

Baggage, Excess

That part of baggage which is in excess of the baggage which may be carried free of charge.

Baggage, Interline

Checked baggage to be transported over the lines of two or more parties.

Baggage, Loss

A piece(s) of baggage which is irretrievably lost.

Baggage, Pilferage/shortage

Items are reported or known to be missing from a piece(s) of baggage.

Baggage, Unchecked

Baggage which is retained in the custody of the passenger.

Bankers Buying Rate (BBR)

The rate at which, for the purpose of the transfer of funds through banking channels (i.e. other than transactions in bank notes, travellers cheques and similar banking instruments), a bank will purchase a given amount of foreign currency in exchange for one unit (or units) of the national currency of the country in which the exchange transaction takes place

Bankers Selling Rate (BSR)

The rate at which, for the purpose of the transfer of funds through banking channels (i.e. other than transactions in bank notes, travellers cheques and similar banking instruments), a bank will sell a given amount of foreign currency in exchange for one unit (or units) of the national currency of the country in which the exchange transaction takes place

Bilateral Agreement

An agreement between two trading entities (airlines, GDSs, suppliers, States, etc.) to either send/receive data and/or process data in specified manner.

Billing and Settlement Plan

Method of providing and issuing traffic documents and of accounting and settling accounts between airlines and Travel Agents. Generally, referred to as BSP.

Blind Sale

Specialized selling function by which one system may request space on a flight whose inventory is held in another system, without specifying the flight details which are normally required. Typically this takes the form of requesting space on the first available flight between a specified board and off point.

Block Space

A number of seats available for sale reduced to allocate seats for mail, cargo, company material, or to sub-assign the control of seats (e.g., sub-assign to a code share partner).

Board Point

Station of embarkation. City or airport at which travel on a particular flight commences. Also the point at which a passenger is scheduled to embark on a flight of the boarding Member.

Boarding Pass

Document issued to a passenger to enable access to an aircraft. These may be issued at airports by Airports Council International (ACI) or Departure Control Systems (DCS), in advance by travel agencies or airlines, or by other means such as kiosks, internet or mobile devices. Industry standards control the content and format of a boarding pass.

Booking

Action of reserving space on a flight for a passenger, e.g., inventory space or physical seat. See "Reservation".

Booking Type

The different types of passenger bookings that can be created, e.g., normal booking, block space booking, or group booking.

Cabin

A compartment where passenger seats are installed. More than one RBD may be assigned to a cabin for sale. Often the terms "cabin" and "compartment" are used interchangeably.

Cabin Baggage

Baggage of which the passenger retains custody (also known as hand or unchecked). See "Baggage, Unchecked".

Cancel

A function which removes previously reserved seats from a booking and the space is returned to the inventory of the airline system.

Cancel Itinerary

Function provided in most reservation systems to enable an agent to cancel all the non-flown segments in a PNR in a single command.

Cargo

Any goods carried on an aircraft and covered by an air waybill.

Carriage

Equivalent to the term "Transportation", means carriage of passengers and/or baggage by air, gratuitously or for hire.

Carriage, International

Except for the purpose of the Warsaw Convention or the Montreal Convention, carriage in which, according to the contract of carriage, the place of departure and any place of landing are situated in more than one State. As used in this definition, the term "State" includes all territory subject to the sovereignty, suzerainty, mandate, authority or trusteeship thereof.

Carrier

Includes the air carrier issuing the ticket and all air carriers that carry or undertake to carry the passenger and/or his baggage or to perform any other services related to such air carriage. The term "airline" is also used for carrier. See also definitions under "airline...".

Carrier, First

The participating carrier over whose air routes the first section of carriage under the Ticket is undertaken or performed.

Carrier, Forwarding

The carrier responsible for the condition which creates a need for involuntary change in the passenger's journey; on missed connections the carrier on whose flight a passenger is originally ticketed to be carried to a connection point is the forwarding carrier (see Resolution 735d).

Carrier, Issuing

Equivalent to "Airline, Issuing". The carrier whose air waybill or ticket is issued (see Resolution 780).

Carrier, Last

The participating carrier over whose air routes the last section of carriage under the Ticket is undertaken or performed.

Carrier, New Receiving

A new carrying carrier selected for onward carriage by the forwarding carrier from the point where involuntary change of routing becomes necessary (see Resolution 735d).

Carrier, Operating

The Carrier that holds the Air Operator's Certificate for the aircraft used for that flight. The airline actually providing carriage or other services incidental to such air carriage. The Operating Carrier may be different from the Marketing Carrier in situations where bilateral agreements exist, e.g. code share agreement.

Carrier, Original Receiving

The carrier on whose flight a passenger is originally ticketed to be carried from a connection point (see Resolution 735d).

Carrier, Participating

A carrier over whose routes one or more sections of carriage under the air waybill or ticket is undertaken or performed.

Change of Equipment en Route

A scheduled change of aircraft, occurring one or more times en route, but identified by one Airline Designator/Flight Number between the Station of origin and the Station of final destination. For further guidance, see SSIM manual Appendix H: Duplicate Flight Legs.

Channel

The locations from which a transaction such as a booking message or an availability request can be received. Examples are travel agent, another system, internet booking engines, or an airline.

Charge

An amount to be paid for carriage of excess baggage based on the applicable rate for such carriage; or an amount to be paid for a special or incidental service in connection with the carriage of a passenger or baggage.

Charge, Cancellation

The service charge made by reason of failure of a passenger to use reserved accommodation without having cancelled such accommodation prior to the latest appropriate time for cancellation specified by the carrier.

Charge, Excess Baggage

A charge for the carriage of excess baggage.

Charge, Joint

A charge which applies for carriage over the lines of two or more carriers and which is published as a single amount.

Charge, Local

A charge which applies for carriage over the lines of a single carrier.

Charge, No-Show

The charge made by reason of the failure of a passenger to use reserved accommodation, either through failure to arrive at the airport at the time fixed by the carrier, or through arriving improperly documented or otherwise not ready to travel on the flight (see Resolution 735d).

Charge, Published

A charge, the amount of which is specifically set forth in the carrier's fares or rates tariff.

Charge, Through

A total charge from point of departure to point of destination. It may be a joint charge or a combination of charges.

Charge, Valuation

A charge for carriage of baggage, based on the declared value for carriage of such baggage.

Charges, Combination of

An amount which is obtained by combining two or more charges.

Checked Baggage

See "Baggage, Checked".

Check-in

The check-in process involves those activities necessary to evaluate passengers and make them ready to board flights. It also includes management of flight activities immediately before and after a flight has been dispatched from a gate, and other tasks associated with the handling of passengers in transit. Check-in activities can be performed at airports or at a remote location. Check-in can be performed by humans or by machines (self-service devices such as kiosks).

Child

A person who has reached his/her second birthday but not his/her 12th birthday as of the date of commencement of travel.

Circle Flight

A multi-leg flight with the origin and destination being the same station.

Circle Trip - Normal Fares

Travel from a point and return thereto by a continuous, circuitous air route, including travel comprising two fare components but which do not meet the conditions of the round trip definition

Circle Trip - Special Fares

Travel from a point and return thereto by a continuous, circuitous air route, comprising only two international fare components which do not meet the conditions of the round trip definition

City Pair

Combination of two city and/or airport codes representing the origin and destination of a flight leg, segment or routing. Often used within reservations and distribution systems to define the record structure for the schedules database. See "Segment".

Claim

A written demand for compensation prepared and signed by or on behalf of the passenger in the case of baggage, containing an itemized list and value of goods for which compensation is being requested.

Claim Participating Airline

A revenue participating airline who shares in the settlement of a claim for the passenger's checked baggage.

Claim Receiving Airline

A revenue participating/carrying airline who receives and processes the passenger's written demand for compensation for lost, damaged or delayed baggage.

Class

Segregation of passengers according to the fare paid or facilities and services offered.

Class of Service

See "Reservations Booking Designator".

Clear Area

The area clear of printing or marking which surrounds the characters to be optically scanned.

Code Sharing

Code sharing exists when:

(a) one carrier operates a flight on behalf of another, using that carrier's airline designator in the flight number,

(b) two or more carriers jointly operate a flight under one or more airline designators.

Code Sharing Flight

A generic term referring to various types of operational and/or commercial arrangements between two or more airlines. See "Commercial Duplicate Flight" or "Shared Airline Designation Flight".

Co-Host Airline (carrier)

An industry term used to specify an airline whose schedules and availability are stored on a preferential basis in the System of another airline. A co-host arrangement may include additional features.

Combination

Whenever two or more one-way or round trip or half round trip fares are used and shown separately in a fare calculation

Combination, Fare, Rate or Charge

The establishment of a fare, rate or charge by addition of sectional fares, rates or charges.

Compartment

A space designated within the aircraft for the carriage of passengers or deadload. Often the terms "cabin" and "compartment" are used interchangeably.

Composite Flight

A flight composed of two or more member flights of any type, but which is identified with an airline designator/flight number combination different from any of its member flights.

Example: DL6063, from A to C, is the composite flight comprised of the member flights DL 109 from A to B and DL 373 from B to C.

```
          DL6063
A----------------------------------------C
          DL209                DL373
A----------------- B --------------------C
```

* on-line or interline

Computer Reservations System (CRS)

A computerized system containing information about schedules, availability, fares and related services, and through which reservations can be made and/or tickets issued, and which makes some or all of these facilities available to subscribers. The CRS is typically the same as a Global Distribution System (GDS).

Conditions of Carriage

The terms and conditions established by a carrier in respect to its carriage.

Configuration

See "Aircraft Configuration".

Connecting Carrier

A carrier to whose services the passenger and his baggage or the cargo are to be transferred for onward connecting transportation.

Connecting Point

A connecting point is an intermediate point in an itinerary at which the passenger deplanes from one flight and boards another flight either on the same airline, or at which he transfers from the flight of one airline to a flight of another airline for continuation of the journey

Connection

Also known as "Transfer". The ability to transfer passengers, baggage, cargo or mail from one flight to another within a reasonable time period. On-line connections concern transfers between flights of the same airline designator and interline connections between flights of different airline designators.

Constructed Fare

Unspecified through fares created by

1) the use of add-ons

2) two fares shown as a single amount in a fare calculation and shown as 'C/

Contact

PNR field used to hold telephone contact information. This field is typically called "Fone" in an IBM systems. Unisys systems typically call this field the "contact" element.

Continuing Itinerary

All remaining segments or portions of itinerary beyond any designated point or gap.

Country of Commencement of Transportation

The country from which travel on the first international sector takes place

Country of Payment

The country where payment is made by the purchaser to the Tariff Conference

(TC) Member or its Agent; payment by cheque, credit card or other banking instruments shall be deemed to have been made at the place where such instrument is accepted by the TC Member or its Agent.

Country of Unit Origin

The country in which the unit origin is situated.

Coupon, Flight

The portion of the Passenger Ticket and Baggage Check or Excess Baggage Ticket that indicates particular places between which the coupon is good for carriage. The coupon may be paper or electronic.

Coupon, Passenger

On carbonised documents, it is the portion of the Passenger Ticket and Baggage Check that constitutes the passenger's written evidence of the contract of carriage.

CRS

A computerized system containing information about schedules, availability, fares and related services, and through which reservations can be made and/or tickets issued, and which makes some or all of these facilities available to subscribers. The CRS is typically the same as a Global Distribution System (GDS).

Currency of the Country of Payment

The currency in which international fares from that country are denominated.

CUSS

Common Use Self Service. An IATA committee responsible for development of standards related to shared airline kiosks that can be used for passengers functions such features as check-in.

Data

A representation of facts, concepts or instructions in a formalised manner suitable for communication, interpretation or processing by human beings or by automatic means.

Data Integrity

The transmission of electronic data as accepted, without alteration (intentional or unintentional).

Data Security

The denial of unauthorised access to, or transmission of, electronic data.

Date of Transaction

The date of issuance of the ticket, MCO or PTA

Date Schedule

A display of routings that operate over a specified city pair. Similar to an availability display, except that availability status is not displayed.

Days

Full calendar days, including Sundays and legal holidays (see IATA Resolution 735).

DBC

See "Denied Boarding Compensation".

DCS

See "Departure Control System".

Declared Value for Carriage

The value of goods or baggage declared to the carrier by the passenger for the purposes of determining charges or of establishing the limit of the carrier's liability for loss, damage or delay.

Delivering Member

The Member on whose flight a passenger is to be carried to an interline point or gap.

Denied Boarding Compensation

In defined conditions, compensation paid to a confirmed passenger when he is denied boarding on a flight, e.g., due to oversale of the flight.

Density

The relationship of weight to volume in a unit.

Departure

The day/time of the flight on which the passenger is booked/ticketed to travel

NOTES:

1) Before departure: the definition refers to the first flight of the pricing unit

2) After departure: the definition refers to subsequent flights of the pricing unit

Departure Control System (DCS)

An automated method of performing check-in, capacity and load control and dispatch of flights. Generally, these type of systems are owned and/or operated by an airline or system provider.

Deplaning Point

The point at which a passenger is scheduled to disembark from a flight of the boarding Member.

Destination

The ultimate stopping place according to the contract of carriage.

Direct Access

One of the number of proprietary names for links between CRSs which give access to the inventory of one system from terminals attached to another. Different names may indicate different standards for naming such links; each is particular to the system concerned.

Direct Access System

A system which enables a user to have real-time direct access to other airline systems through a prime host airline system. Also see "Multi-Access" and "Single Access System".

Direct Flight

Any flight ticketed as a single flight coupon, irrespective of whether there are enroute stops and/or changes of aircraft types

Direct Flight

Flight connecting two cities or airports with or without enroute stops; passengers need not change aircraft (except for a change of gauge flight.)

Direct Route Fare

The fare over the direct route between two points. When no direct route fare exists between two ticketed points, a fare must be established by combination over a ticketed point on the itinerary.

Disembarkation

See "Deplaning Point".

Distribution Channel

The method and/or outlet through which a reservation is initiated and/or achieved.

Distribution System

A Computer Reservation System (CRS).

Divide

Function provided by reservations systems to allow a PNR to be split into two (or more) separate PNRs such that different members of the traveling group may follow different itineraries.

Domestic Flight Leg

A flight between two stations to which the same ISO country code applies.

Domestic Transfer

A change from the domestic service of one carrier to another domestic service of the same carrier (online transfer) or to the domestic service of another carrier (interline transfer)

Duplicate Leg

A single non-operational leg that, for commercial/technical reasons, is displayed under more than one flight number by the operating carrier, or is displayed by a different airline designator/flight number by an airline other than the operating carrier.

Duplicate Reservation

A condition which arises when two or more reservations are made for the same passenger(s) when it is evident the passenger(s) will be able to use only one, except that a request to change an itinerary, whether or not it is so identified, shall not be considered a duplicate reservation.

Electronic Data Interchange (EDI)

The computer-to-computer (application-to-application program processing) transmission of business data in a standard format.

Electronic Ticket

Electronic file representing entitlement to travel and generally replacing traditional paper tickets.

Embarkation

See "Board Point".

En Route

Equivalent to "Through". Between station of origin and station of destination.

End Transaction

Functionality to complete a creation or update session on a PNR. End transaction produces a new or modified record stored in the passenger record database.

End-On Combination

Combination of pricing units at a fare construction point (except as provided in local combination?).

Endorsement

Written authority from a carrier to transfer an Accountable Traffic Document (Ticket, Miscellaneous Charges Order or Multiple Purpose Document), or individual coupon(s) thereof, to another carrier. Such written authority will normally be stamped in the "ENDORSEMENTS/ RESTRICTIONS" box. Endorsements may also be effected using commercial or interline communications facilities (see IATA Resolution 736 and Recommended Practice 1736).

EOT

See "End Transaction" or "PNR End Transaction".

ET

See "Electronic Ticket".

Excess Baggage

Baggage that does not meet the defined allowances for the passenger journey.

Exchange Order

A document issued by a carrier or its agents requesting issue of an appropriate Passenger Ticket and Baggage Check or provision of services to the person named in such document (see Resolution 725).

Exchange Rate Display

Display of the exchange rate from one currency to another currency for the IATA Clearing House, IATA Rate of Exchange (ROE), Bankers buying or Bankers Selling rates.

Exchange/ Reissue Transactions

The value of one document moved to another document, in accordance with the provisions of IATA Passenger Tariff Coordinating Conference Resolution 017f Section C 1 "Voluntary Reroutings (for totally unused tickets)". Reissue is defined as an issuance of a new ticket against a previously issued ticket, in accordance with the provisions of IATA Passenger Tariff Coordinating Conference Resolution 017f Section B "Voluntary Reroutings (for partly used pricing units)".

Family, Immediate

A spouse, children, parents, brothers, sisters, dependent relatives or dependents in the household (see Resolution 788). See "Immediate Family".

Fare

The amount charged by the carrier for the carriage of a passenger and his allowable free baggage and is the current fare which a Member, in the publication it normally uses to publish fares, holds out to the public, or the appropriate segment of the public, as being applicable to the class of service to be furnished.

Fare Break Points

See "Fare Construction Points".

Fare Component

A portion of an itinerary between two consecutive fare construction points. If the journey has only one fare component, the points of origin and destination are the only fare construction points

Fare Construction Points

The terminal points of a fare component (these are also termed fare break points).

Fare display by city pair

The display of fare data for a specified city pair. Information such as carrier, class of service and fare type may also be used to limit the display, e.g.., FRA TYO or FRA TYO Y

Fare, Adult

The fare for a person who has attained his twelfth birthday.

Fare, Applicable

For fare construction purposes, a fare which is established after the application of all fare construction calculations, e.g. excess mileage fare, higher intermediate fare but excluding related charges e.g. amounts to be annotated with 'S' or 'Q'?

Fare, Children' s

A fare for a person who has attained his second but not his twelfth birthday as of the date of commencement of travel.

Fare, Constructed

Unspecified through fares created by the use of add-ons or two fares shown as a single amount in a fare calculation and shown as "C/".

Fare, Direct

For fare construction purposes, a fare between two points without the application of fare construction calculations

Fare, Economy

Equivalent to "Tourist Fare". The fare established for an economy/tourist class service.

Fare, First Class

The fare established for a first class service.

Fare, Infant

The fare for a person who has not attained his second birthday.

Fare, Joint

A fare which applies for carriage over the lines of two or more carriers and which is published as a single amount.

Fare, Local

Equivalent to the term "On-line Fare". A fare which applies for carriage over the lines of a single carrier.

Fare, Normal

A fare established in the Resolution 040/050/060 series for intermediate, first or economy class service and any other fare denominated and published as a normal fare (e.g. C2, F2, Y2). Children's fares and infants' fares which are established as a percentage of the fares referred to above are also considered to be normal fares.

Fare, Published

A fare, the amount of which is specifically set forth in the carrier's fares tariff.

Fare, Special

A fare other than the normal fare.

Fare, Through

A fare applicable for travel between two consecutive fare construction points via an intermediate point(s).

Fare, Tour Basing

A fare which may be used only for air transportation as part of an inclusive tour.

Fare, Tourist

See "Fare, Economy".

Fares, Combination of

An amount which is obtained by combining two or more fares.

Fee, Cancellation

See "Charge, Cancellation".

Fictitious Point

A Location Identifier reserved for the purpose of schedule construction to overcome day/date duplication and to describe legs with elapsed times greater than 23 hours 59 minutes.

Firming

A procedure whereby a carrier at a boarding point contacts passengers holding definite reservations to ensure that they actually intend using this space (see IATA Resolution 766).

First Boarding Point

The point in a portion of an itinerary applicable to a given Member at which the passenger commences travel on the services of that Member. When the itinerary is changed, the term relates to the point at which the passenger commences travel on Members' service in the revised routing, irrespective of the start point applicable to the original itinerary.

First Close Flights or First Closing Availability

Flights not inventory controlled in the host system. They are either in a status of open for sale (AS) or closed for sale (CR). First closing availability means that only the first close-out message affecting a given flight/class/date is transmitted. This closes out further sales (CR) but not requests for the entire flight/class/date.

Flight

The operation of one or more legs with the same Flight Designator (airline code, flight number and optional operational suffix).

Flight Coupon(s)

That portion of a Ticket annotated 'good for passage' or a segment(s) of an Electronic Ticket.

Flight Designator

Flight designator is an identifier that consists for the airline code, the flight number and an optional operational suffix.

Flight Interchange

A flight that gives passengers the benefit of a through service and is operated by two or more carriers from the boarding point to the deplaning point using the same aircraft (see Resolution 766).

Flight Number

Flight number consists of one to four digits and an optional alpha suffix code.

FONE

PNR field used to hold telephone contact information. Some systems store telephone contact information in a field called "Fone" and some store this information in a field called "Contact".

Free Sale Agreement

A bilateral or multilateral agreement between carriers or between carriers and CRSs which permits immediate confirmation of space in accordance with terms of agreement without the necessity of maintaining space availability information (see Resolution 766).

Freedom - Fourth

The right for an air carrier to take on, in another State, passengers, freight and mail for off-loading in the State in which it is registered

Freedom - Third

The right for an air carrier to put down, in the territory of another State, passengers, freight and mail taken up in the State in which it is registered

FTL

Frequent Traveler List. The FTL is a teletype message generated by the DCS to advise selected applications of all locally boarded passengers who checked-in with a frequent traveller account number.

Funnel Flight

A flight composed of two or more operational flights. Only one airline designator/flight number is operational on any one leg, but a leg may have multiple, non-operational flight numbers. Several flights feeding into one flight. See IATA SSIM for more details.

Gap

That part of an itinerary (except the distance between two airports serving the same city) involving transportation by means other than by a scheduled service.

Gateway

First point of arrival/last point of departure in a country/area.

GDS

See "Global Distribution System".

GIT

Group Inclusive Tour Fares?

Giveaway

Anything given gratuitously by a carrier, whether or not paid for by the carrier, to a passenger, other than whether or not paid for by the carrier, to a passenger, other than air carriage from airport of departure to airport of destination.

Global Distribution System

A computerized system containing information about schedules, availability, fares and related services, and through which reservations can be made and/or tickets issued, and which makes some or all of these facilities available to subscribers, e.g., travel agency. A GDS is sometimes called a Computer Reservation System (CRS).

Global Indicator

The global routing applicable to the fare as shown in Resolution ?011b.

GMT

Greenwich Mean Time. See "Universal Time Coordinated".

GOSHO

Go show. A departed passenger that is not shown on a PNL/ADL and does not have an OK ticket. See "Standby".

Go-Show

See "Standby".

Group

When used in the Interline Reservations context, ten or more passengers, excluding infants, travelling together or where provisions of Reso 766, section14.2 apply.

Group identifier

Used as part of the point of sale information to identify a group of offices, agencies or terminals for purposes of making commercial or security decisions, e.g., inventory control or PNR access.

Group Organiser

Any person (including a Tariff Conference Member or IATA Sales Agent) who organises and promotes prepaid pre-arranged group travel.

GSA

General Sales Agent. Term used to define a business relationship between a travel agency/interline partner and an airline where the travel agency/interline partner acts as that airline's representative in locations where there is no representation for that airline.

Half Round Trip Fare

Half of a specified or constructed round trip normal or special fare. In the absence of a specified or constructed round trip normal fare, the one way normal fare is considered to be a half round trip normal fare. If a specified or constructed one way special fare may be doubled to establish a round trip special fare, the one way special fare is considered to be a half round trip special fare

Hosted Airline (Carrier)

An airline who utilises the facilities of another system to process, on an inventory basis, reservations and other passenger related information.

IATA

International Air Transport Association.

IATA Rate of Exchange (IROE)

The rates of exchange notified by IATA to convert local currency fare to NUC and to convert total NUC amounts to the currency of the country of commencement of transportation.

IATCI

Inter Airline Through Check-In. Comprises all the passenger handling procedures associated with a passenger traveling on one Airline's flight and transferring onto another Airline's flight, using one check-in transaction for multiple airline flights using multiple systems.

ICAO

International Civil Aviation Organization.

Identifier

A character or group of characters used to identify or name an item of data and possibly to indicate certain properties of that data.

Immediate Family

Spouse, children (including adopted children), parents, brothers, sisters, grandparents, grandchildren, parents-in-law, brothers-in-law, sisters-in-law, sons-in-law, daughters-in-law

Incapacitated Passenger

A passenger whose physical, medical or mental condition requires individual attention (on enplaning and deplaning, during flight, in an emergency evacuation, during ground handling) which is not normally extended to other passengers.

Inclusive Tour

A pre-arranged combination of air transportation and surface arrangements other than solely public transportation.

Indirect Route

Any scheduled continuous air route other than a direct route.

Infant

A person who has not reached his/her second birthday as of the date of commencement of travel.

Interchange Flight

A flight that gives passengers the benefit of a through service and is operated by two or more carriers from the boarding point to the deplaning point using the same aircraft (see Resolution 766).

Interface

A translation function between a user and a system or between a user and a number of systems or between two or more systems.

Interline

Used in conjunction with another word to describe anything involving two or more Members, such as interline itinerary, interline reservation, interline stopover, interline point, interline transaction, etc.

Interline Point

Any point in the itinerary at which the passenger is to change from the flight of one airline to the flight of another, whether a connection or stopover at such point is involved (all airports through which a city or adjacent cities are served by an airline being considered as a single interline point).

Interline Transfer

Transfer from the service of one carrier to the service of another carrier.

Intermediate Class

A class of service with seating standards which may be superior to those provided on economy/tourist class but less liberal than standards provided in first class.

International Flight Leg

A flight leg between two stations to which different ISO country codes apply.

International Transfer

A change from the international service of one carrier to another international service of the same carrier (online transfer) or to the international service of another carrier (interline transfer).

International-Domestic Transfer

A change between the international service of one carrier and domestic service of the same carrier (online transfer) or another carrier (interline transfer).

Inventory

In an airline system, the count of space available for sale, broken down by flight, date, class, leg, segment and possibly other parameters. In more general terms, inventory also applies to cars, hotel space, ferry space or counts of any other product sold through a CRS.

Issuing Carrier

TC Member whose tickets are issued to the passengers.

IT

Individual Inclusive Tour Fares?

IT

See "Inclusive Tour".

Itinerary

The sum of all portions from beginning to ending of passenger's trip (journey), even though separated by gap(s).

Itinerary Pricing

A functionality that offers a given price or a list of prices for a given itinerary, based on flights, classes of service, date/time of departure, etc. This pricing functionality may apply to a booked itinerary as well as to a non-booked itinerary that is created for the purpose of obtaining an informative pricing. The response may also contain data pertinent to ticketing information.

Joint Operation Flight

A flight on which more than one airline operates one or more of its legs. Only one Flight Designator exists for each operating flight.

Journey

Origin to destination of the entire ticket.

Last Seat Availability

Facility provided in some CRSs to allow access to the precise inventory counts of a particular flight in another system. Sometimes used generically to describe any method of obtaining exact inventory counts from another system. Several types of Last Seat Availability are presently in use: 1. The originator may specify the carrier, city pair and date in the request. The receiving carrier limits the routings to be returned accordingly. 2. The originator may specify the carrier and flight number in the request. The receiving carrier returns only the information for specified carrier and flight number. 3. The originator may specify the city pair and date in the request. The receiving carrier chooses the routings to be returned.

Leg

The operation between a departure station and the next arrival station.

Loads

Baggage, cargo, mail and any aircraft supplies including ballast.

Local Currency Fares

Fares and related charges expressed in the currency of the country of commencement of travel. See Resolution 024a for those countries where the US Dollar is used for local currency

Luggage

See "Baggage".

Main Host

The system that processes and replies to the transaction initiated by the front end system.

Marketing Carrier

The carrier that sells with its own code as part of a code-share agreement on a flight actually operated by another carrier.

Married Segments

Married segments is a term used to identify two or more segments in an itinerary which are actioned as a single unit (set). Acceptance and sending of marriage information is controlled by bilateral agreements. See IATA Recommended Practice 1777 and 1777a.

Maximum Permitted Mileage (MPM)

Maximum permitted mileages as established in accordance with Resolution 011.

MCO

See "Miscellaneous Charges Order"

MCT

See "Minimum Connecting Time".

Meal

Type of refreshment or food service served in flight. This may vary according to class of service and time of day. Meal codes are typically a single alpha character which appear in an availability display.

Message (EDIFACT)

An identified, named and structured set of functionally related data segments as described in a message specification which is defined to accomplish one or more business functions.

Mileage Display

Display of point to point mileage between two cities.

Minimum Connect Time

The minimum time required for a passenger to connect to another flight within the same city. The airport may be the same airport or a different airport within the same city.

Minimum Group Size

The minimum number of passengers required to qualify for a fare.

Minimum Tour Price (MTP)

The minimum selling price for the tour calculated as the air fare plus an amount for land arrangements.

Miscellaneous Charges Order (MCO)

"Miscellaneous Charges Order"(MCO) means an accountable paper document issued by a carrier or its agents requesting issue of an appropriate Passenger Ticket and Baggage Check or provision of services to the person named in such document (see Resolutions 725, 725a and 725b). Typically used for such things as group deposits, excess baggage, optional services, etc. See "Electronic Miscellaneous Document" for the electronic equivalent of MCO.

Misconnection

A passenger who, due to late arrival or non-operation of his original delivering flight, arrives at the interline point by his original delivering flight, an alternative flight or surface transportation, too late to board his original receiving flight. See Resolution 766.

MPM

See "Maximum Permitted Mileage".

Multi Access

A system which allows travel agents to switch their terminals between different airline systems, and thus have true last seat availability from a number of different airlines.

Multi-Access Ticketing

A system whereby a Travel Agent with a video display unit (VDU) and a ticket printer has access to the reservations and ticketing systems of more than two airlines, and the Agent can issue tickets of those airlines on its ticket printer.

Multi-lateral agreement

An agreement between three or more trading partners to either send data and/or process data in specified manner.

Name

Field defined in a PNR to record the name(s), initials and title(s) of the passenger(s) holding the booking.

Neutral Ticket

The form of an electronic ticket or paper Automated Ticket for use by Travel Agents. In the case of paper tickets, there is no preprinted individual airline identity.

Neutral Ticketing Scheme

A computer system that issues Neutral Tickets in a Travel Agent's office on behalf of various airlines participating in that scheme. See "Ticket Handler".

No Record

A condition which exists whenever a passenger presents a ticket for reserved space but the boarding Member has no record of ever confirming or receiving booking for that reserved space. "See NOREC".

Non-IATA Carrier

Any carrier who is not a Member of IATA.

Non-Stop

Flight which operates between a board point and an off point in a single leg without any intermediate landings.

NOREC

No record. A passenger who was boarded on a flight and was ticketed for that flight, but was not on the PNL/ADL.

Normal Fare

A fare established in the Resolution 040/050/060 series for intermediate, first or economy class service and any other fare denominated and published as a normal fare (e.g. C2, F2,?Y2). Children' s fares and infants' fares which are established as a percentage of the fares referred to above are also considered to be normal fares.

Normal Fare Open Jaw

Travel from one country and return thereto, comprising two international fare components, only and where

a) origin open jaw: the outward point of departure in the country of unit origin and the inward point of arrival in the country of unit origin are different

OR

b) turnaround open jaw: the outward point of arrival and the inward point of departure are different

OR

c) double open jaw: the outward point of departure in the country of unit origin and the inward point of arrival in the country of unit origin are different (origin jaw) AND the outward point of arrival and the inward point of departure are different (turnaround open jaw)?

No-Show

A failure to use reserved accommodation for reasons other than misconnections. See "NOSHO".

NRL

New Record Locator.

NUC

The neutral unit of construction.

O&D

Origin and Destination. When applied within a revenue management system, it is a term used to define controls and processes used to maximize revenue for a market.

OAG

Official Airlines Guide. Publisher of schedules information in both paper and electronic form.

Off-Premise Ticket

A ticket described in Resolution 722a and intended for use by Travel Agents, whether or not this bears a preprinted individual airline identity.

One Way Subjourney

Part of a journey wherein travel from one country does not return to such country and for which the fare is assessed as a single pricing unit using a one way fare.

On-Line Transfer

Transfer from the service of one carrier to another service of the same carrier. See "Connection".

OPEN

A term used to specify in a PNR and on a ticket that specific flight is not booked but that the passenger will travel by air and has paid for a flight.

Open Ended Schedule

A schedule submitted for processing without an end date. It is assumed that the schedule will be active indefinitely.

Open Jaw - (Special Fares)

Travel comprising only two international fare components with a surface break(s) which, unless otherwise specified in a special fares resolution, may be between any two points/countries in the area(s) of unit origin and/or turnaround for which the special fare resolution applies and for which the fare is assessed as a single pricing unit using half round trip fares. In this context

a) for 'turnaround open jaw' the outward point of arrival and the inward point of departure are different, or

b) for 'origin open jaw' the outward point of departure and the inward point of arrival are different, or

c) for 'single open jaw' either a) or b) applies, or

d) for 'open jaw' any combination of the above may apply

Open Seat

A seat that is available for assignment to passengers.

Operating Carrier

The Carrier that holds the Air Operator's Certificate for the aircraft used for that flight. The airline actually providing carriage or other services incidental to such air carriage. The Operating Carrier may be different from the Marketing Carrier in situations where bilateral agreements exist, e.g. code share agreement.

Operational Leg

A flight leg which is physically operated and identified by its Airline Designator and Flight Number. Any other Airline Designators and/or Flight Numbers associated with the same flight leg are considered to be non-operational flight legs.

☞ For further guidance, see also IATA SSIM Appendix H: Duplicate Flight Legs.

Origin

The initial starting place of the journey as shown on the ticket.

Originating Flight

A flight identified by a Flight Designator, commencing at the station in question.

OSI

Other Service Information (OSI) is service information which is for information only, may be processed by the receiver as desired, and does not require a reply from the receiver. OSI should be used only if an SSR code is not available.

OTHS

An SSR type used to supply other miscellaneous information.

Over-booking

A condition which exists when more seats have been booked on a flight than seats allowable for sale.

Oversale

A condition which occurs when a passenger who has a valid completed ticket or of whom the airline has a positive reservation record, is not accommodated at flight departure, or is carried but not in the accommodation reserved.

Owning Carrier

A carrier who is the owner or lessee of a Unit Load Device.

Participating Airlines

Those airlines which are party to the IATA Multilateral Interline Traffic Agreement ? Passenger and have entered into an agreement for the issuance of Automated tickets in a particular country/area.

Passenger

Any person, except members of the crew, carried or to be carried in an aircraft with the consent of carrier.

Passenger Lists

Various types of lists of passengers for reservation and departure control purposes.

Passenger Name Record (PNR)

A record of each passenger's travel requirements which contains all information necessary to enable reservations to be processed and controlled by the booking and participating airlines. The basic record may contain one or more passengers. Although different systems provide varying facilities, all PNRs contain at least passenger name(s), itinerary, and contact information. May other fields may be present such as fare, ticketing, seat selection, etc.

Passenger Type Code (PTC)

A code typically used to identify the type of passenger, e.g., adult, infant, etc. PTC is often used to identify the type of fare.

Payload

The weight of passengers, baggage, cargo and mail and includes revenue and non-revenue items.

PEX

Instant Purchase Excursion Fares

Pitch, Seat

The distance between the front edge of one seat in an aircraft and the front edge of the seat immediately in front when both are in an upright position.

PNR

See "Passenger Name Record".

PNR Address

Equivalent to "PNR locator". A term used to designate an alpha-numeric code referring to a specific area in the memory of an automated reservations system in which a given Passenger Name Record (PNR) is stored.

Point of Sale

Information identifying the location and other attributes of the entity performing transactions. Point of sale may be considered by some systems when making inventory and availability decisions.

Point of Turnaround

The farthest geographical fare break (between two fare components) from the Pricing Unit origin.

Pre-flight Check

An internal procedure in which a Member checks its reservations records to eliminate duplicate reservations, incorrect recording, or other errors.

Prepaid Ticket Advice

The notification by teletype, commercial wire or mail that a person in one city has requested issuance of prepaid transportation as described in the authority, to a person in another city.

Pricing Information

The applicable fare(s) for a city pair and the selected fare for a PNR. Also, it is the fare data stored in a PNR related to the fare structure of a specific itinerary.

Pricing Unit

A journey or part of a journey which is priced as a separate entity, i.e. is capable of being ticketed separately

Prime Host Airline (carrier)

The airline which controls the System in which other airlines are hosted.

Private Fares

Fares that can be sold only by selective channels.

PRM

IATA Passenger Reservations Manual.

Prorate

A portion of a joint fare, rate or charge obtained by proration.

Proration

The division of a joint fare, rate or charge between the carriers concerned on an agreed basis.

Proration, Fare

Proration on the basis of the respective local fares.

Proration, Mileage

Proration on the basis of the respective local mileages.

Proration, Rate

Proration on the basis of the respective local rates.

Provide

"Provide" implies that the Handling Company itself assumes responsibility for the provision of the service in question.

PTA

See "Prepaid Ticket Advice".

PTC

See "Passenger Type Code".

Public Fares

Fares that can be sold by all channels.

Quota sale

The amount of space that a distribution system is allowed to sell from the inventory of a vendor in a single transaction on a sell and report basis. This is usually dependent on class of service, but could also depend on other variables such as date, routing, etc. Quota sale levels are decided by bilateral negotiations between vendors and distribution systems or between different vendors (airline to airline).

Quote Availability Agreement

A bilateral or multilateral agreement between Members which permits each signatory to book another Member's space by checking the required flight's availability through local or toll-free telephone access and sending an appropriate message to the Member concerned.

Rate

The amount charged by the carrier(s) for the carriage of a unit of goods or excess baggage and is the current rate which the carrier, in the publication it normally uses to publish rates, holds out to the public or the appropriate segment of the public, as being applicable for carriage of a unit of weight (or volume) and/or value of goods or excess baggage.

Rate, Proportional

A rate which is used in combination with other rates to establish a through rate.

Rate, Through

The total rate from point of departure to point of destination.

Rates, Combination of

An amount which is obtained by combining two or more rates.

RBD

See "Reservations Booking Designator".

Rebooking

In reservations, refers to the change of a reservation for various reasons which may or may not require a new fare and/or ticket reissuance.

Receipt, Passenger

For ATB, the portion of the Automated Ticket/Boarding Pass (ATB) that constitutes the passenger's printed evidence of the contract of carriage. For electronic tickets, see "Itinerary Receipt".

Receiving Carrier

A carrier who receives a Unit Load Device from a transferring carrier at a transfer point.

Receiving Member

The Member on whose flight a passenger is to be carried from an interline point or gap.

Reconfirmation

A requirement that passengers, under certain given circumstances, advise a carrying Member of their intention to use the space reserved.

Refund

The repayment to the purchaser of all or a portion of a fare, rate or charge for unused carriage or service (See IATA PSCRM Resolutions 735d and 737).

Related Charges

Charges such as cancellation penalties, non-refundable amounts, rebooking and rerouting charges, stopover charges, weekend surcharges etc., and excess baggage charges.

Rerouting

Change of routing and?/or other changes which require ticket reissuance.

Reservation

Equivalent to the term "Booking", means the allotment in advance of seating or sleeping accommodation for a passenger or of space or weight capacity for baggage, cargo or mail. This term is also applied to hotel, car and other types of travel services.

Revalidation

The authorized stamping or writing upon the Passenger Ticket evidencing that it has been officially altered by the carrier.

Revenue Management

See "Yield Control".

RFID

See "Radio Frequency Identification".

Round the World (RTW)

Travel from a point and return thereto which involves only one crossing of the Atlantic Ocean and only one crossing of the Pacific Ocean.

Round Trip

Travel entirely by air from a point to another point and return to the original point comprising two half round trip fare components only, for which the applicable half round trip fare for each component, measured from the point of unit origin, is the same for the routing traveled; provided that this definition shall not apply to round the world travel. If the fares to be used differ through class of service/seasonality/day-of-week/carrier variations, the outbound fare shall be used also for the inbound fare component for the purpose of determining if the pricing unit is a round trip.

Route, Direct

The shortest route operated between two points.

Route, Indirect

Any route other than the direct route operated between two points.

Route, Through

The total route from point of departure to point of destination.

Routing

A list of consecutive legs in operational sequence between the station of origin and the station of destination of any flight.

Schedule

The planned operation of an airline flight(s).

Scheduled Air Service

A service offered by an airline which is displayed in an official airline guide, has a two-character or three-letter airline designator, and operates between points having three-letter city/airport codes.

Seamless Availability

The availability display exchanged between partners with Seamless Connectivity.

Seat Assignment

A specific seat and row number reserved or allocated for a specific passenger.

Seat Map

Display which indicates availability status and/or characteristics of specific seats for a given flight/date. This typically contains information about class compartments, location of movie screens, smoking/no smoking divisions, etc., as well as, an indication of which seats have been reserved assigned /advance boarding pass issued and which are still available.

Sector

See "Leg".

Segment

Sometimes referred to as "City Pair". The operation between board point and any subsequent off point within the same flight number.

Segment Availability

For segment availability, all segment availability status changes on all or selected flights are sent. AIRIMP defines rules for interpreting the availability.

Self-service

The process by which a customer can do one or more of the following tasks without assistance by another person: make/change a reservation, purchase a ticket, change a ticket, obtain a boarding pass, obtain baggage tags, board a flight, etc.

Sell and Report Agreement

A bilateral or multi-lateral agreement between airlines or between airlines and CRSs which requires the parties to exchange and maintain availability information on selected flights and between specified points. It also requires the receiver of a request for space to advise the requestor of the status of the space in accordance with known availability. For additional information see IATA PSCRM Reso 766 and RP 1771.

Service, Delivery

The carriage of inbound consignments from the airport of destination to the address of the consignee or that of his designated agent or to the custody of the appropriate Government agency when required.

Servicing Airline

An airline whose computer system is used to make reservations and print (or to acquire ticketing data to print) neutral tickets either on its own behalf or on behalf of other airlines. Electronic tickets may also be used. A servicing airline shall also act as a ticketing airline.

Shopping Availability

A facility that reads flight schedules, city pair routings, availability status and fares data to produce lists of available routings and their respective fares.

Short Message Service

Short Message Service (SMS) is a communication service that allows the exchange of short text messages between mobile phone devices.

Side Trip

Travel from and/or to an enroute point of a fare component.

Side Trip Combination

Combination of a pricing unit at an enroute point of a fare component.

Single Access System

A system in which a user has real-time direct access to a single airline's system. Also see "Direct Access" and "Multi-Access System".

SITA

Societe Internationale de Telecommunications Aeronautiques.

Slot

The scheduled time of arrival or departure available or allocated to an aircraft movement on a specific date at an airport.

Special Fare

Any fare other than a normal fare.

Specified Fare

A fare in an IATA Tariff Conference Resolution.

SSR

Special Service Requirement (SSR) is a special service to be provided to the passenger, or a service information of a reservations procedural nature which, in the opinion of the sender, requires an immediate action by and/or a reply from the receiver.

Standard Traffic Document

Any Traffic document used or issued in an IATA BSP country/area.

Standby

Equivalent to the term "Go-Show". A potential revenue passenger at a designated check-in location and who is prepared to accept space subject to availability (see IATA Resolution 766).

Standby or Go-Show

Equivalent to the term "Go-Show". A potential revenue passenger at a designated check-in location and who is prepared to accept space subject to availability (see IATA Resolution 766).

Status (Availability)

Indication of the ability of an agent to book seats from an availability display. Most systems display status as a single character, either alpha or numeric, relating to a particular class. Vendor systems are able to update the status held in distribution systems by use of AVS messages.

STD

Scheduled departure time is the published (public or privately) by a carrier as the official time for the departure of a flight from a designated station.

Stock Control Number

The unique identification number that is preprinted on automated paper tickets without preprinted serial numbers, for control and blacklisting purposes.

Stopover

Equivalent to a "break of journey", means a deliberate interruption of a journey by the passenger agreed to in advance by the airline, at a point between the place of departure and the place of destination.

Stopover

Equivalent to a "break of journey", means a deliberate interruption of a journey by the passenger, agreed to in advance by the carrier, at a point between the place of departure and the place of destination.

For the purpose of fare construction means when a passenger arrives at an intermediate point and is scheduled to depart later than 24 hours after arrival (local time). Exception: for travel wholly within Central America or for travel wholly between Central America and Panama: when a passenger arrives at an intermediate point and is scheduled to depart later than 6 hours after arrival (local time)

When a passenger arrives at an intermediate point and is scheduled to depart later than 24 hours after arrival (local time).

Exception: For travel wholly within Central America or for travel wholly between Central America and Panama, when a passenger arrives at an intermediate point and is scheduled to depart later than 6 hours after arrival (local time).

Subsequent Segment

In relation to a prime segment, any segment(s) that have the same or a later date and are not the arrival segment to the prime segment.

Tariff, Fares

The tariff concerned with fares and related charges.

Tariff, Rules

The tariff concerned with the general terms and conditions of carriage.

Tariffs

The published fares, rates, charges and/or related conditions of carriage of a carrier.

TC

Tariff Conference

Technical Landing

A landing for non-traffic purposes.

Through Fare

A fare applicable for travel between two consecutive fare construction points via an intermediate point(s).

Ticket

Either the document entitled "Passenger Ticket and Baggage Check" or any electronic ticket data held in the Carrier's data base.

Ticket

The document entitled "Passenger Ticket and Baggage Check" issued by or on behalf of the carrier and includes Notice of Contract Terms Incorporated by Reference and notices and the flight and passenger coupons contained therein. The document may be paper or electronic.

Ticket, Conjunction

A ticket issued to a passenger concurrently with another ticket(s) which together constitute a single contract of carriage.

Ticket, Excess Baggage

A receipt issued by a carrier to a passenger(s) of excess baggage and/or valuation charges.

Ticket, passenger

Those portions of the ticket issued by carrier which provide for the carriage of the passenger. The ticket may be paper or electronic

Ticketed Point

Points shown in the 'good for passage' section of the passenger ticket.

Ticketed Point Mileage (TPM)

The distance between pairs of points published in the Ticketed Point Mileage Manual, using non-stop sector mileages in accordance with IATA Resolution 011.

Ticketing Airline

An airline whose automated tickets are issued through the computer system of a Servicing Airline by imprinting the ticketing airline's name and numeric accounting code.

Ticketing Carrier Selection Rules

The rules governing the selection by the Travel Agent of the carrier to be designated as the issuing carrier on a neutral ticket.

Ticketing Time Limit

A time by which the passenger must secure his ticket for a confirmed reservation as required by the carrier. See IATA Resolution 766 for additional information.

Tour Conductor

An individual who is in charge of and/or who personally escorts a group of at least 10 passengers for all or part of the itinerary.

Tour conductor

An individual who is in charge of and/or who personally escorts a group of passengers for all or part of the itinerary.

TPM

See "Ticketed Point Mileage".

TPM

The TPM is a teletype message generated by the DCS to the next downline station to advise of disembarking passengers.

Traffic Document

Ticket, electronic ticket, MCO, EMD or any other accountable passenger traffic documents.

Transaction

A transaction is a single or series of messages exchanged interactively in an incremental fashion which satisfy a specific business requirement.

Transfer

A change from the service of one carrier to another service of the same carrier (online transfer) or to the service of another carrier (interline transfer).

Transfer

See "Connection".

Transferring Carrier

A carrier who transfers a Unit Load Device to a receiving carrier at a transfer point.

Transit Flight

An aircraft making an intermediate landing for commercial reasons where a change of load occurs.

Transit Station/Airport

A scheduled en route stopping station on a flight.

Transit Time

The time an aircraft remains in transit at the station in question.

Transportation

See "Carriage".

Travel

The passenger routing identified by ticketed points and not the aircraft routing

Trip

The flight(s) that form the total route of a specific origin and destination. A single trip can be served by one or multiple carriers.

Trip, Circle

Travel from a point and return thereto by a continuous circuitous air route; provided that where no reasonably direct scheduled air service is available between two points, a break in the circle may be traveled by any other means of transportation without prejudice to the circle trip.

Trip, Round

Equivalent to the term "Return Journey", is defined as (a) travel from one point to another and return by the same air route used outbound whether or not the fares outbound and inbound be the same, or (b) travel from one point to another and return by an air route different from that used outbound for which the same normal, through, one way fare is established.

For the purpose of fare construction means travel entirely by air from a point to another point and return to the original point comprising two half round trip fare components only, for which the applicable half round trip fare for each component, measured from the point of unit origin, is the same for the routing travelled; provided that this definition shall not apply to round the world travel if the fares to be used differ through class of service/seasonality/day-of-week/carrier variations, the outbound fare shall be used also for the inbound fare component for the purpose of determining if the pricing unit is a round trip.

Turnaround

The station in an aircraft rotation, where the flight number changes.

Turnaround Flight

An aircraft terminating a flight and subsequently originating another flight following a complete change of load.

Type A Messaging

A conversation message traffic. This category of traffic is designated to provide for conversational traffic for which immediate processing and response time in the order of a few seconds are the primary consideration. This type of facility does not traditionally provide store and forward features which are part of Type B traffic (teletype). It may be used to transport data between systems in real time or may be used for standard remote terminal/PC traffic. Used in the airline industry to transport data between host systems in real time. Also used to describe conversational traffic from a remote terminal to its host system.

Type B Messaging

A non-conversational traffic for which immediate processing and response time are not primary considerations. This type of facility normally provides security through a store and forward feature. Delivery is accomplished using four priorities ranging from immediate delivery to deferred delivery. This type of traffic is typically called teletype. Also see "TTY".

Type X Messaging

Provides a solution for high throughput reliable messaging and service oriented exchanges with XML technologies compatible with airlines business practices. It is a lightweight and decoupled protocol that allows the exchange of structured messages between peers in a reliable, decentralized, and distributed environment.

ULD

See "Unit Load Device".

Unaccompanied

When used for children and infant fares, this shall mean the child/infant is not accompanied by an adult.

Unit Load Devices

Devices which interface directly with an aircraft restraint system and are registered by the IATA ULD Technical Board.

Upgrading

Change from the original fare paid to a higher fare (changes of seasonality, day of week, applicable related charges, resulting in a higher fare do not constitute upgrading).

Validating Carrier

See "Carrier, Issuing".

Validation

The authorized stamping or writing upon the Passenger Ticket evidencing that it has been officially issued by the carrier. Acceptance of an electronic ticket by the intended validating carrier of the ticket constitutes validation.

Waitlist

When used with PNRs, refers to the status of a passenger for a specific flight. The passenger is not confirmed but has been listed for the flight and is awaiting confirmation.

Yield Control

Philosophy applied to many systems which attempts to maximize the income of the vendor by restricting sales of low-yield products in favor of higher yielding alternatives. For example, selling full-fare seats rather than discounted excursion seats. This may be achieved for example by manipulation of the status sent to distribution systems in an availability response by disallowing the sale of short haul flights unless in conjunction with a long-haul flight of the same vendor. The term "Revenue Management" is also applied to this process.

✻참|고|문|헌

1. 국내 문헌

김병헌, "인터넷과 IT기술발전에 의한 항공여행 유통구조 변화," 항공진흥 제49호, 2008.

김병헌, 송미선, "항공여객 예약실무", 기문사, 2018.

양정임 "항공운임발권실무" 2014

윤문길, 이휘영, 윤덕영, 이원식, "항공운송서비스경영", 한경사, 2011.

최미선, 이선미 "최신항공실무"2014

이태원, "현대항공수송입문", 기문사, 2010.

허희영, "항공경영학", 2002.

TOPAS, 예약, 2018.

TOPAS, 발권, 2018.

대한항공, 홈페이지 http://www.koreanair.com

아시아나 항공, 홈페이지 http://flyasiana.com/index.htm

토파스여행정보 홈페이지 http://www.topas.net

2. 해외 문헌

Stephen Shaw, Airline Marketing and Management, Ashgate, UK. 2004.

AMADEUS http://www.amadeus.com

SABRE http://www.sabre.com

GALLILEO http://www.galileo.com

WORLDSPAN http://www.worldspan.com

ABACUS http://www.abacus.com.sq

IATA http://www.iata.org/Pages/default.aspx

UNWTO http://unwto.org/en

✻저 | 자 | 소 | 개

■김 병 헌(Kim, Byung Hun)

- 서울대학교 사범대학 국어교육학과 졸업(문학사)
- 인하대학교 경영대학원 교통학과 졸업(경영학 석사 : 마케팅)
- 한국항공대학교 대학원 경영학과 졸업(경영학 박사 : 항공. 관광 경영)
- 서울대학교 경영대학원 한진 MBA(KEDP) 수료

- (주) 대한항공 여객영업부문 근무 및 국내외 지점장 역임
- (주) 토파스여행정보 상무이사 역임
- 한국관광대학교 관광경영과 학과장 및 교학처장 역임

현) 한림국제대학원대학교 컨벤션이벤트경영학과 겸임교수
한국관광진흥학회 학회장
한국항공전략연구원 전문위원
한국항공대학교 경영연구소 연구위원

[저서]
- 항공여객 예약실무, 기문사, 2011, 2018
- 국외여행 인솔자 Tour Conductor 업무론, 백산출판사, 2012, 2016
- 항공여객 발권실무, 기문사, 2013, 2015, 2018
- 관광학세미나, 백산출판사, 2016
- 서비스론, 지식인, 2016

■송 미 선

- (주) 대한항공 한국지역서비스 센터 근무(예약업무 담당 차장)
- (주) 콤비항공 여행사 이사 역임
- 한국관광대학교 관광경영과 겸임교수 역임

현) 배화여자대학교 글로벌관광과 겸임교수
인하공업전문대학 출강

[저서]
- 항공여객 예약실무, 기문사, 2011, 2018
- 항공여객 발권실무, 기문사, 2015, 2018

항공여객 발권실무

TOPAS SellConnect

2015년 3월 20일 초 판 발행
2019년 2월 28일 2판 1쇄 발행

저 자 김병헌 · 송미선
발행인 한 인 환
발행처 도서출판 **기 문 사**
등 록 1978. 8. 9. NO. 6-0637
주 소 서울시 동대문구 안암로 50-1(용두동) 홍신빌딩 3층
전 화 02) 2265-7214 / 922-8662~8663
팩 스 02) 922-8772

homepage : www.kimoonsa.co.kr
e-mail : book@kimoonsa.co.kr

ISBN : 978-89-7723-826-8 93500

정가 : 20,000원

저자와의 협의하에 인지생략